ブロック塀施工マニュアル

Construction Manual for Concrete Masonry Fences

2020

日本建築学会

序

　煉瓦・ブロック・石材という組積材の如何を問わず，組積造建築物には全世界の約85%の人々が住むといわれています．このように，組積造は世界で最も普及した構工法です．わが国では，明治時代に文明開化の一翼を担った粘土焼成煉瓦による組積造建築物が今でも地域の象徴的な存在として輝いていることは周知の事実です．

　組積造の一つである補強コンクリートブロック造は建築基準法にも規定されており，耐火性・防火性・耐震性・耐久性などに優れています．また，補強コンクリートブロック造のなかで最も単純な自立構造物であるブロック塀は，その構造規定どおりの性能を保有しさえすれば，耐震性の高い木造建築物と同程度の耐震性を具備するものとして気象庁の震度階級の解説に記されています．

　しかし，1978年6月12日に発生した宮城県沖地震においては，倒壊したブロック塀が9名の尊い命を奪い大きな社会問題となりました．これを受けて1981年，建築基準法の耐震設計基準が大幅に改正された結果，ブロック塀に関する基準は現行と同程度のものとなりました．しかしながら，依然として大きな地震動の度に倒壊するブロック塀が後を絶たず，その原因の多くは構造規定を守らない劣悪な設計・施工ならびに経年による劣化に起因するものであると指摘されています．

　本会では，ブロック塀の適正な設計・施工を推進するために，建築工事標準仕様書・メーソンリー工事（JASS 7）2000年版に「メーソンリー塀工事」を新たに設けました．さらにその普及・啓発を目的として2005年に「ブロック塀施工マニュアル」を作成しました．本マニュアルの特徴は，ブロック塀に適用される法的基準ならびに本会で制定している「コンクリートブロック塀設計規準・同解説」について解説を付して記述するとともに，ブロック塀の劣化のメカニズムや地震動による被害状況を示し，既存ブロック塀に対する点検の重要性とその手法について記述していることです．そしてその内容の理解は，ブロック塀の設計・施工に携わる技術者にとっては必須の要件です．

　本マニュアルの第2版では，本会編「コンクリートブロック塀設計規準・同解説」が2006年3月に改定されたのに伴い，関連する部分，特に「2.2　ブロック塀の構造」ならびにそれに伴う「4.3　工法」を中心に加筆，修正したものです．

　今回の改訂第3版は，本会編の建築工事標準仕様書・メーソンリー工事（JASS 7）が2009年に改定されたこと，ならびに「壁式構造配筋指針・同解説」が2013年に制定されたこと，さらにJIS A 5406「建築用コンクリートブロック」が2017年に改正されたことに伴い，それらと関連する部分ならびに昨今のブロック塀を取り巻く状況の変化への対応に主眼をおき加筆，修正しました．

　本マニュアルがブロック塀に関わる行政・設計者・施工者・コンクリートブロックの生産者・所有者等を含めた多くの人々の指針となり，その結果としてブロック塀が日常時も大地震動時も決して人々の尊い命を奪うことなく財産の確保に役立ち，さらには「安全・安心なまちづくり」に寄与することを期待します．

2020年2月

日本建築学会

「ブロック塀施工マニュアル」改訂版執筆委員（2019）
（五十音順・敬称略）

全体調整・編集
　　　　川上　勝弥　　　髙橋　和雄　　　三田　紀行　　　山﨑　尚志

1. はじめに
　　　　川上　勝弥

2. ブロック塀とその基本
　　　　三田　紀行　　　山﨑　尚志

3. 使用材料
　　　　井上　斉　　　舩木　裕之　　　山﨑　尚志

4. 施工
　　　　関根　高明　　　滝口　尚一

5. おわりに
　　　　川上　勝弥

付録
　　　　井上　斉　　　関根　高明　　　山﨑　尚志

「ブロック塀施工マニュアル」執筆委員（2005）
（五十音順・敬称略）

全体調整・編集
　　　　川上　勝弥　　　千歩　修　　　松村　晃　　　三田　紀行

1. はじめに
　　　　川上　勝弥

2. ブロック塀とその基本
　　　　石井　克侑　　　根井　浩　　　長谷川直司　　　三田　紀行

3. 使用材料
　　　　三田　紀行

4. 施工
　　　　石井　克侑　　　岡本　公夫　　　川上　勝弥

5. おわりに
　　　　千歩　修

付録
　　　　川上　勝弥　　　中岡　章郎　　　根井　浩　　　三田　紀行

ブロック塀施工マニュアル

目　　次

ブロック塀施工マニュアル

1．はじめに

　補強コンクリートブロック造の塀（以下，ブロック塀と記す）は，私たちの住環境を構築する主要な要素の一つとして認知され，膨大な件数の既存ブロック塀があります．そして，ブロック塀は今日においても，町並みとの調和，都市防災および防犯等の観点より必要とされ，敷地境界線等の近傍に立地する最も単純な自立構造物としてその役目を果たしています．さらに，近年のガーデニングブームは，ブロック塀にエクステリアとしてのより高い自由度と意匠性とを要求しています．

　また，建築基準法施行令（以下，施行令と記す）^{付録1)}，ならびに日本建築学会が制定している「コンクリートブロック塀設計規準・同解説^{文献1)}（以下，学会設計規準と記す）」，「壁式構造配筋指針・同解説（以下，配筋指針と記す）」，「建築工事標準仕様書・同解説・メーソンリー工事（以下，JASS7と記す）」等の各種基（規）準を遵守して設計・施工されたブロック塀は，安心して生活できる基準を満足する性能を保有すると考えられています．

　しかし，1978年6月に発生した宮城県沖地震では，ブロック塀の倒壊により9名の尊い命が奪われたことが社会的な問題として大きく取り上げられ，昨今の地震においてもブロック塀の倒壊事例と犠牲者が幾度となく報告されています．また，日常の生活においても事例こそ多くありませんが，ブロック塀の倒壊による死傷事故も報告されています．本会材料施工委員会・組積工事運営委員会のもとに設置された「ブロック塀システム研究小委員会」においてこのような事例を調査・検証した結果，常に風雨や直射日光にさらされる過酷な環境下における経年劣化とともに，不適切な設計・施工に起因すると思われる劣悪なブロック塀が多数存在することが判明しました．

　このような近年のブロック塀を取り巻く状況を踏まえ，「ブロック塀システム研究小委員会」は「問いかけられる自己責任　ブロック塀の安全性」^{文献2)}，「あんしんなブロック塀をめざして」^{文献3)}などにおいて，ブロック塀の安全性に関する啓発活動を展開してきました．

　本書は，1997年4月から6か年にわたる「ブロック塀システム研究小委員会」の活動成果を基に，ブロック塀を設計・施工する場合の手引書として作成されました．この度，昨今のブロック塀を取り巻く情勢の変化を反映するため，本会材料施工委員会・組積工事運営委員会のもとに設置されている「コンクリートブロック新工法研究小委員会（設置期間2017年4月〜2021年3月）」における審議を踏まえ，改訂版として作成されたものです．

　また，本書は，ブロック塀の施工に携わる技術者に限定されることなく，ブロック塀の所有者，ならびに建築および地域防災を担当する行政機関における技術情報となることも視野に捉えています．さらに，付録には，既存ブロック塀の維持管理の要点，転倒防止対策，診断カルテ等を収録し，既存ブロック塀の所有者や管理者の利用にも対応するようにしています．

　なお，本書は，ブロック塀に関する各種基（規）準の遵守を最優先するものであり，高い擁壁の上，縦筋が十分に定着できない練積み擁壁の上，さらには控え壁の設置条件を満足できないような敷地等，ブロック塀の設置条件から逸脱するものには適用できません．

２．ブロック塀とその基本

ブロック塀は，建築用コンクリートブロック（以下，ブロック[注1]と記す）を組積した壁体を鉄筋で補強したもので，住宅その他の建築物の外構構造物として敷地内環境の保護を目的とするものとして，極めて強固で安全性の高いものでなければなりません．しかし，その構工法が他の構造物と比較してあまりにも単純であることから安易に建設されることがあり，その結果，地震などで倒壊し人身事故が発生することがあります．ブロック塀の主な構成要素およびその役割は，図 2.1 に示すとおりです．

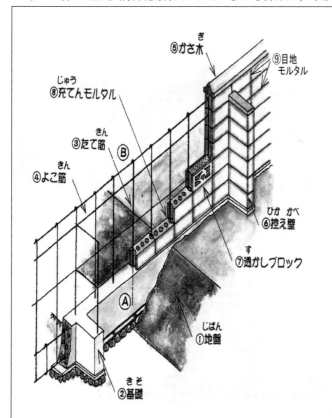

①地盤
　地盤は，塀全体を支え，基礎から一体となった塀の転倒に抵抗する役割を果たします．したがって，大きな地耐力が要求されます．特に，軟弱地盤では，しっかりとした基礎が必要となります．
②基礎
　鉄筋コンクリート造の基礎を設け，塀が基礎から転倒しないように 350mm 以上根入れします．また，基礎の抵抗力をより高めるには，基礎の形状を逆 T 形や L 形にするか鋼管杭打ち基礎とする方法があります．
③縦筋
　縦筋は，壁に作用する水平力に抵抗する重要なものです．基礎に定着し壁頂まで 1 本の鉄筋を曲げることなく配置しなければなりません．特に，基礎と最下段ブロックとの接合部には，曲がりやさびがよく認められますので，注意が必要です．また，縦筋は，建築基準法施行令および学会設計規準の規定を満足するように配置し，次の点に留意します．
　Ⓐ 基礎へ確実に定着する．
　Ⓑ 壁頂部の横筋にカギ掛けして定着をする．
④横筋
　横筋は，壁体の長さ方向を強固に一体化するもので，控え壁がある場合は特に重要な役割を果たします．また，横筋は，通常 800mm 以下の間隔で配置します．
⑤かさ木
　かさ木は，壁体へ雨水等が浸入するのを防ぎ，ブロックおよび鉄筋を保護します．かさ木は，壁体へ確実に固定し，浮きや欠落が無いように注意します．
⑥控え壁
　控え壁(控え柱)は，塀の転倒に対する抵抗力を増すために，長さ 3.4m 以内ごとに設けます．控え壁にも鉄筋を配置し，壁体と強固に一体化する必要があります．また，壁体と同じ堅固な基礎を設け，控え壁の突出していない側への転倒に対する抵抗力を確保します．
⑦ブロック
　塀に使用するブロックは，強度が高く吸水率の小さなもの（JIS A 5406（建築用コンクリートブロック）の C (16)以上かつ厚さ 120mm 以上のもの）を使用することを推奨します．また，透かしブロックの多用は塀の壁体としての強度を低下させ，連続配置は縦筋の適正な配置を困難にするので，ともに避けます．
⑧充填モルタル
　充填モルタルは，鉄筋とブロックとを一体化させるもので，強固な壁体を造るとともに，鉄筋を保護する役目を果たします．鉄筋の周辺部にモルタルが密実に充填されないと，塀の強度低下や劣化を早める原因となります．
⑨目地モルタル
　目地モルタルは，ブロックどうしを接着するもので，塀の強度や耐久性などの性能に大きく影響します．目地モルタルとブロックの境界面にすき間があると塀の強度が低下したり，すき間から雨水等が浸入し塀の内部の鉄筋を腐食させる恐れがあります．

図 2.1　ブロック塀の概要[文献 3)]

[注1]　JASS7 では，メーソンリーユニットと称されていますが，本マニュアルではその内容がコンクリートブロック塀に限定されるため，単にブロックと称します．

2.1 ブロック塀の現状

　ブロック塀は，狭隘な宅地が密集するわが国の住宅事情を反映して，敷地境界付近に自立して建つ外構構造物として極めて重要な役割を担っています．しかし，1978年の宮城県沖地震や1995年の兵庫県南部地震などの大きな地震において，ブロック塀の倒壊による被害[付録6]が報告され，その耐震性能に疑問が持たれています．そして，倒壊したブロック塀の多くは，不適切な設計・施工に起因するものであることが指摘されています．これらのブロック塀は，我々の生活にあまりにも身近であるために簡易な構造物と考えられがちですが，常に風雨や直射日光にさらされる過酷な環境条件のもとに構築されているとともに，地震や台風などによる大きな外力に対して抵抗し続けています．このように，ブロック塀は日々劣化が進んでいる自立構造物であることを忘れてはなりません．

　狭い国土で生活する私たちにとって重要な外構構造物として建設されるブロック塀は，プライバシーの確保，防犯，防火等に役立つとともに，通学路，避難路ならびに不特定または多数の人々が通行する道路に面する工作物としての安全性を確保する必要があり，ブロック塀を設計・施工する者は，これらの状況に対する特段の配慮を最優先させなければなりません．

　ブロック塀システム研究小委員会ではブロック塀の現状と問題点を認識するために，1997年に地方自治体の行政担当者[文献4]（対象は，全国689の市および東京都特別区，回答率55.9%．以下，行政調査と記す）ならびに2000年に（一社）全国建築コンクリートブロック工業会加盟のブロック製造業社[文献5]（対象は，加盟40社，回答率47.5%．以下，ブロックメーカー調査と記す）を対象として，ブロック塀に関するアンケート調査を実施しました．その調査結果をもとにブロック塀の現状について示します．

2.1.1 ブロック塀の必要性

　ブロック塀の必要性を行政調査とブロックメーカー調査との対比により示すと図2.2のとおりです．ブロック塀の必要性は，行政では主にプライバシーの確保，防犯，敷地境界の表示ならびに防火などを，ブロックメーカーでは多くの複合された要因と考えています．ブロック塀の必要性における両者の特徴的な差は街路の景観についてであり，それを必要とする割合として行政ではごくわずかですが，ブロックメーカーでは80%以上を示します．これ

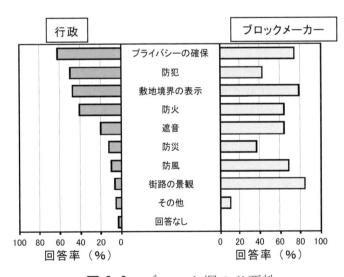

図 2.2　ブロック塀の必要性

は，行政の捉え方に対して，ブロックメーカーでは街路の景観としてブロック塀をより重要視していることが推察できます．

2.1.2 ブロック塀の問題点

　ブロック塀の問題点を行政調査と，ブロックメーカー調査との対比により示すと図2.3 のとおりです．行政では主に耐震性，街路の景観および意匠性を，ブロックメーカーでは施工性，法的規制や学会設計規準ならびに耐震性をあげています．なお，ブロックメーカーからの回答のその他には，施工者のモラルという項目が多数含まれています．一方，ブロックメーカーからの回答における法的規制や学会設計規準が問題であるとするものの多くは，構造耐力や耐久性についてのことではなく，自由度の阻害や施工に対する問題を指摘したものです．以上のことより，行政からの回答で極めて多い街路の景観が問題であるということに対して，ブロックメーカーの観点から見ると，法的規制や学会設計規準のために意匠性が阻害されているということも考えられます．建築基準法が仕様規定から性能規定へと移行し，それに伴い意匠・構造ともに自由度の高い構造物の建築が可能となりましたが，そこには性能の確認および自己責任体制の理解と確立とが今以上に重要視されます．

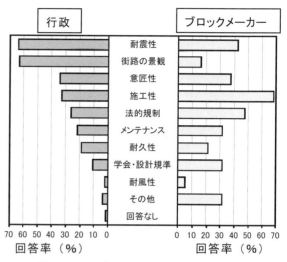

図 2.3　ブロック塀の問題点

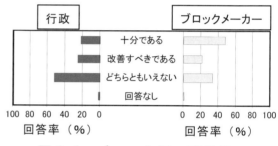

図 2.4　ブロック塀の耐震性

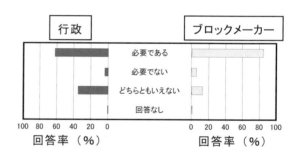

図 2.5　ブロック塀の耐震診断の必要性

2.1.3 ブロック塀の耐震性能

　施行令第62条の8に規定されるブロック塀の耐震性能に対する評価を行政とブロックメーカーとの対比により示すと，図2.4 のとおりです．ブロック塀の耐震性能については，ブロックメーカーでは約半数が現行基（規）準で十分であると考え，耐震性能の確保には施工者に対して根入れ深さと配筋に関する規定の遵守を強調しています．一方，ブロック塀の耐震診断の必要性については図2.5 に示すとおりで，行政およびブロックメーカーともに高い比率で必要と考えており，耐震診断手法の早急な確立が望まれます．

2.1.4 ブロック塀の耐久性能

　ブロック塀の耐久年数として，行政では，図2.6 に示すとおり30 年から35 年の耐久年数を期待する傾向を示しています．一方，ブロックを製造するブロックメーカーの立場からブロック塀に期待する耐久年数は，図2.7 に示すとおりです．圧縮強さによる区分（以下，強度区分と記す）A（08）ブロックを用いたブロック塀の耐久年数は，100mm

厚のブロックで 15 年，150mm 厚のブロックで 16 年程度，最も耐久年数の長いものは，強度区分Ｃ（16）の 150mm 厚の 30 年程度と考えられています．したがって，ブロック塀に対して期待される木造住宅と同程度の耐久年数を確保するためには，強度区分Ｃ（16）ブロックを使用しなければならないことになります．

ここに，ブロック塀の耐久年数を決める根拠は，ブロックの性能よりもブロック塀に対する過酷な環境条件や地盤の振動，不同沈下などの外的要因によるものであるという考えが多く見られます．また，耐久年数を判断する基礎的データがないという意見があり，ブロック塀の耐久年数に関するデータの蓄積とその特異性を考慮した耐久性能の考え方の確立が今後の課題です．

ところで，100mm 厚のブロックを使用したブロック塀は，学会設計規準の規定値である 20mm のかぶり厚さを確保することが困難であり，構造耐力および耐久性が大きな問題となります．しかし，現実には強度区分Ａ（08）ブロックの 100mm 厚の使用比率が高く，ここに大きな問題があることを指摘しなければなりません．また，これらの耐久性能を推察するときには，適切な施工が行われていることを前提としており，充填モルタルには適切な調合ならびに密実な充填が要求されます．

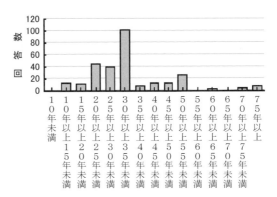

図 2.6　ブロック塀に期待する耐久年数（行政）

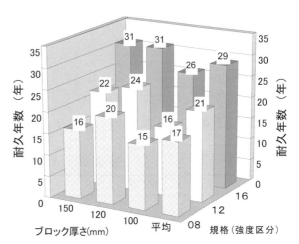

図 2.7　ブロック塀に期待する耐久年数（ブロックメーカー）

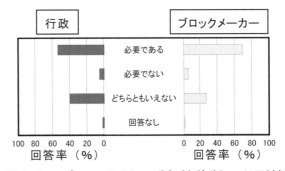

図 2.8　ブロック塀の耐久性診断の必要性

耐久性診断の必要性については，図 2.8 に示すとおりで，行政およびブロックメーカーともに半数以上が必要であると考えています．その理由は，経年劣化による性能低下の判定ならびに施工不良による初期性能の評価などであり，耐久性診断によりブロック塀の安全性を確保しようとする誠意を推察することができます．また，ブロック塀の耐久性診断に関する具体的な診断手法および判定方法の不備を指摘しており，早急に対処すべき問題のひとつです．このように，ブロック塀は，わが国の国土事情を反映した必須要素として膨大な既存件数を示す一方で，ブロック塀は倒壊しやすいと思われることがあり，そのイメージの払拭と新しいイメージ創りを進めなければなりません．既に，住宅には「住宅の品質確保の促進等に関する法律」が施行され，任意ですが「住宅性能表示制度」が導入されています．ブロック塀にも性能表示制度の導入を図ることは，時代の要求かと思われます．このような，性能

表示制度の導入は，施工者に対して適正な材料の選定ならびに確実な施工の啓発と責任の所在とを明確にするものであり，信頼性の高いブロック塀の構築を可能にするものと考えられます．

2.2 ブロック塀の構造

ブロック塀の構造に関する基（規）準には施行令および学会設計規準があり，学会設計規準の方が施行令より厳しく，より安全なものを目指すという日本建築学会としての姿勢を示しています．また，寒冷地，海沿いの地域等にブロック塀を設置する場合は，それらの地域特性を考慮した設計・施工を行います．

なお，ブロック塀には空洞ブロックを使用する「補強ブロック塀」と型枠状ブロックを使用する「型枠ブロック塀」とがあります．

2.2.1 塀 の 高 さ

ブロック塀の高さに関する規定は，表 2.1 に示すとおりです．ブロック塀の高さは，施行令および学会設計規準ともに 2.2m を上限と規定しています．

表 2.1　ブロック塀の高さの規定

基 準 等	学会設計規準				施行令
基礎の形状および地盤の土質 ブロック塀の形式 （控え壁・控え柱の有無）	I形		逆T形・L形		―
	普通土	改良土*)	普通土	改良土*)	
控え壁・控え柱なし塀	1.2	1.6	1.6	1.6	1.2
控え壁・控え柱付き塀	1.4	1.8	1.8	2.2	2.2

単位:m

＊)改良土とは基礎周辺をコンクリートで固めたもの，またはそれに類するもの．

学会設計規準は，ブロック塀の高さを地盤の土質，基礎の形状，根入れ深さ，控え壁の有無等の条件により制限しています．一方，施行令は，ブロック塀の高さを控え壁がある場合は高さ 2.2m 以下，控え壁がない場合は 1.2m 以下と規定しています．学会設計規準の規定を満足すれば，控え壁なしで高さ 1.6m までのブロック塀を造ることができます．これは，施行令より緩和された規定ですが，ブロック塀の厚さ，基礎の形状，根入れ深さ，配筋等に関して，建築基準法施行令第 62 条の 8 および平成 12 年度建設省告示第 1355 号の定めの趣旨に沿って，さらに詳細な構造を規定している学会設計規準を遵守することが必須条件となります．

ブロック塀は，主として基礎側面の埋戻し土の抵抗により支持されます．したがって，ブロック塀の転倒に対する構造耐力は，埋戻し土の状況により左右されます．学会設計規準では，ブロック塀を支持する地盤の土質を普通土と改良土とに区分しています．ブロック塀の基礎周辺における改良土とは，埋戻し土を十分突き固め表層をコンクリート等で固められたもの，またはそれに類するものをいい，砕石や砂利を混合した砂まじり土をよく突き固めた地盤も含まれます．一方，常時水分を多く含む粘土質地盤や地下水位が高い砂質地盤におけるブロック塀は，布基礎の形状を逆T形またはL形基礎とし，その高さを普通土における場合より低くすることが望まれます．ブロック塀の高さ方向

の測定基準は，学会設計規準によれば図 2.9 に示すとおりです．ブロック塀の支持地盤に高低差がある場合は，図 2.9 に示すような高さ（H）に対する注意が必要です．

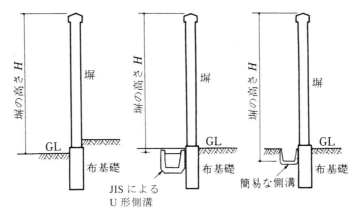

（イ）敷地の内外に高低がある場合　（ロ）JIS による U 形側溝がある場合　（ハ）簡易な側溝がある場合

図 2.9 ブロック塀の高さ方向の測定基準

ブロック塀の縦筋が規定長さ以上定着可能な鉄筋コンクリート造等の擁壁の上にブロック塀を設ける場合の高さの制限は，図 2.10 に示すとおりです．

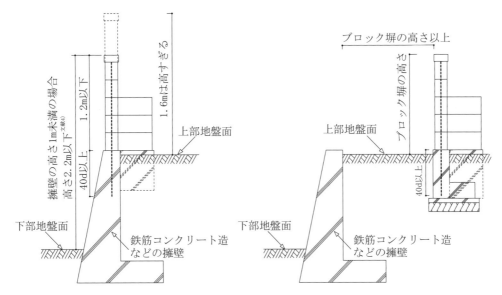

a）ブロック塀を擁壁上に設ける場合　　b）ブロック塀を擁壁からセットバックする場合

図 2.10 ブロック塀を擁壁の上に設ける場合の高さの限度

本書では，図 2.10 b)に示すとおり擁壁上にブロック塀を設けないことを原則とします．やむを得ず擁壁上にブロック塀を設けるときは，ブロック塀を高さ 1.0m 未満の擁壁の上に設ける場合は，下部地盤面から測定した高さを 2.2m 以下とし，高さ 1.0m 以上の擁壁の上に設ける場合は擁壁の上端面から測定した高さを 1.2m 以下としますが，高い擁壁上にブロック塀を設置するときは，地震時に転倒や倒壊の恐れがあることを十分に考慮する必要があります．ただし，擁壁の上にブロック塀を設ける条件として，ブロック塀の縦筋は，鉄筋コンクリート造擁壁に鉄筋径の 40 倍以上定着します．一方，縦筋をあと施工アンカーにより擁壁などに定着することは，構造耐力および耐久性上の問題として認められていません[文献7]．

2.2.2 ブロックの厚さ（正味厚さ）

ブロック塀の壁体の厚さに関する規定は，表 2.2 に示すとおりです．

表 2.2　ブロック塀の厚さの規定

ブロック塀の高さ(m)	学会設計規準(mm)	施行令(mm)
高さ≦2.0	厚さ≧120	厚さ≧100
2.0＜高さ≦2.2	厚さ≧150	厚さ≧150

　高さが 2.0m 以下のブロック塀の壁体の厚さは，施行令では 100mm 以上，学会設計規準では構造耐力および耐久性を考慮して鉄筋に対するかぶり厚さが確保される 120mm 以上です．また，高さ 2.0m が超えるブロック塀の壁体の厚さは，施行令および学会設計規準ともに 150mm 以上です．

2.2.3 配　　　筋

ブロック塀の壁体の縦筋に関する規定は，表 2.3 に示すとおりです．

表 2.3　ブロック塀の縦筋の規定

使用鉄筋	控壁の有無	塀の高さ(H)(m)	補強ブロック塀 空洞ブロック 縦筋間隔(mm)	補強ブロック塀 化粧ブロック ブロック長さ(mm)	補強ブロック塀 化粧ブロック 縦筋間隔(mm)	型枠ブロック塀 縦筋間隔(mm)	施行令 使用鉄筋	施行令 縦筋間隔(mm)
≧D10	付き	H≦1.6	800	400,500,600	600	400	≧9φ	@≦800
				900	450(900)*)			
		1.6＜H≦2.2	400	400,500,600	600	400		
				900	450(900)*)			
	なし	H≦1.2	800	400,500,600	600	400		
				900	450(900)*)			
		1.2＜H≦1.6	400(800)*)	400,500,600	400(600)*)	(400)*)		
				900	(450)*)			

＊)（ ）内は,D13を使用した場合.

　ブロック塀壁体の縦筋に関する学会設計規準は，D10 以上の異形鉄筋を使用することを条件とし，控え壁の有無，塀の高さ，使用するブロックの種類等により配筋量を規定しています．学会設計規準に規定される縦筋の配筋量は施行令の規定値より多く，その差は高さの高いブロック塀において顕著です．加えて，応力が集中しやすいブロック塀の長手方向の端部や平面上の交差部，同一塀で高さの変化する部分等には，D13 以上の縦筋を配置します．また，化粧ブロックを用いた塀の配筋は，施行令より鉄筋量の多い学会設計規準の規定によることを推奨します．

　なお，ブロック塀壁体の縦筋は，ブロックの空洞部内で重ね継ぎすることなく，基礎から壁頂部まで 1 本で配筋します．また，縦筋は，フックなしでは鉄筋径の 40 倍以上，規定のフック付きでは鉄筋径の 30 倍以上をそれぞれ布基礎に定着し，壁頂部横筋に鉄筋径の 4 倍以上の余長を付けて 180°フックでかぎ掛けするか，または鉄筋径の 10 倍以上の余長を付けて 90°フックにより緊結します．一方，ブロック塀壁体の横筋は，通常

800mm 以下の間隔で配筋します．横筋は，控え壁を設けたブロック塀においては控え壁の効果を最大限に発揮させるために必要なもので，ブロック塀壁体と控え壁とを強固に緊結し，控え壁の設置されていない側への転倒に対する抵抗力を高めます．

　ブロック塀における鉄筋に対するモルタルまたはコンクリートの最小かぶり厚さは，表 2.4 に示すとおりです．ここで，かぶり厚さとは，学会配筋指針[文献6]によれば図 2.11 に示すように，鉄筋表面とこれを覆うモルタルまたはコンクリートの表面までの最短距離のことです．また，型枠状ブロックを用いた基礎の立上がり部分では，フェイスシェル厚さの 1/2 をかぶり厚さとして加算することができます．

表 2.4　鉄筋に対する最小かぶり厚さ

構　造　部　分	かぶり厚さ(mm)
ブロック壁体・ブロック造の控え壁または門柱	20 [*1)]
鉄筋コンクリート造の控え壁または控え柱	30
直接土に接する鉄筋コンクリート造の控え壁・控え柱，門柱の基礎および基礎立上がり部分	40
基礎スラブ	60 [*2)]
直接土に接する型枠ブロック造の基礎立上がり部分	40 [*3)]

＊1）フェイスシェルの厚さを除く．
＊2）捨てコンクリート部分を除く．
＊3）フェイスシェルの厚さの1/2を含む．

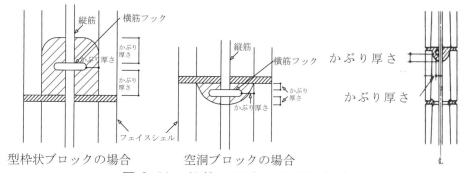

図 2.11　鉄筋に対するかぶり厚さ

　かぶり厚さは，ブロック塀の構造耐力，耐久性および耐火性上必要な鉄筋とモルタルまたはコンクリートとの付着性を確保するために重要なものです．ブロックは多孔質で透水性がある場合もあり，また，目地モルタルで組積されるブロック塀の壁体は雨水等の水が浸透しやすいため，規定以上のかぶり厚さを確保する必要があります．本書では，十分なかぶり厚さを確保するために，学会設計規準によれば厚さは 120mm 以上ですが，耐久性を考慮すると，150mm 以上のブロックの使用を推奨します．

　なお，かぶり厚さは，充填モルタルまたは充填コンクリートにより形成されるもので，それらは空洞内に隙間なく密実に充填されていることを前提としています．

2.2.4 控え壁（柱）

　控え壁は，鉄筋コンクリート造またはブロック造によるものとし，ブロック造の場合は突出していない側への転倒に抵抗するため，全ての空洞部にコンクリートまたはモルタルを充填します．控え壁に型枠状ブロックを用いることで，控え壁の空洞部に充填されます．ブロック塀の控え壁（柱）に関する規定は，表 2.5 に示すとおりです．

表 2.5 ブロック塀の控え壁に関する規定

項 目	学会設計規準	施行令
間隔	≦ 3.4m	≦ 3.4m
突出長さ	壁面より400mm以上	壁面から高さの1/5以上
厚さ	壁体の厚さ以上	
材料	現場打ち鉄筋コンクリートまたはブロック	―
高さ	高さは，塀の頂部から450mm以上下げない．	
端部の補強	塀端部800mm以内は，控壁または控柱などで補強する．	

※高さ2mを超える塀については、高さの5分の1以上の突出し長さとすること

　控え壁（柱）に関して，施行令は 3.4m 間隔でブロック塀の壁面から塀の高さの 1/5 以上突出することと規定しています．一方，学会設計規準は，控え壁に関して突出長さ，厚さ，材料等について表 2.5 に示すとおり詳細に規定しています．

2.2.5 基　礎

　ブロック塀の壁体下部には，壁体を安全に支持する鉄筋コンクリート造等の布基礎を設けます．施行令に規定される布基礎の寸法は，基礎の丈は 350mm 以上で根入れ深さは 300mm 以上ですが，学会設計規準には布基礎に関する詳細な規定，ならびに布基礎をさらに強化する構工法として鋼管杭基礎工法および控下基礎工法の規定があります．

(1) 布基礎

　学会設計規準に規定されるブロック塀の布基礎の形状および標準寸法は，表 2.6 に示すとおりです．布基礎の根入れ深さは，ブロック塀の種別および布基礎の形状により表 2.7 から求めます．また，ブロック塀の布基礎の標準的な形状は，学会設計規準によれば図 2.12 に示すとおりです．

表 2.6 ブロック塀の布基礎に関する学会設計規準

基礎の形状	根入れ深さ Df	基礎のせい D	立上がり部分の幅 b	基礎スラブ		
				張出し幅 s	幅 B	厚さ e
I形	ブロック塀の種別および基礎形状により表2.7に定める値以上[*]	Df ＋ 50程度	壁厚(t)以上	―	―	―
逆T形				立上がり部分の両側に各130以上	b+260以上	150以上
L形				立上がり部分の片側に400以上	b+400以上	

単位:mm

[*] 補強ブロック塀の鋼管杭基礎工法では，300mm以上．

表 2.7 ブロック塀の基礎の根入れ深さに関する学会設計規準

ブロック塀の種類 ＼ 基礎の形状	I形	逆T形・L形
補強ブロック塀	350以上かつ($H^{[*]}$＋200)/4以上	350以上かつ($H^{[*]}$－400)/4以上
型枠ブロック塀	450以上かつ($H^{[*]}$＋600)/4以上	450以上かつ$H^{[*]}$/4以上

単位:mm

[*] H:ブロック塀の高さ(mm)．

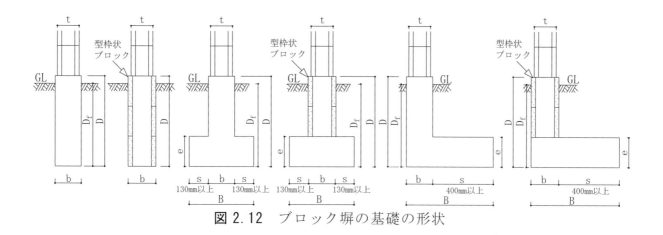

図 2.12　ブロック塀の基礎の形状

　なお，布基礎の立上がり部分には，防水性のある型枠状ブロックを使用することができますが，かぶり厚さを確保する観点から，充填コンクリートの厚さはブロック壁体の厚さから **30mm** を引いた厚さ以上とします．

(2) 鋼管杭基礎工法

　地震被害の特徴のひとつである基礎からの脆弱的な転倒を防止する構工法として，鉄筋コンクリート造布基礎とその下部に打ち込んだ単管足場用鋼管を打込み杭とする鋼管杭基礎工法があります．鋼管杭基礎工法は，布基礎の根入れ深さを **300mm** 以上，塀の高さは **1.6m** 以下とし，控え壁を設けない工法です．鋼管杭打ち基礎の標準的な形状は，学会設計規準によれば表 2.8，2.9 および図 2.13 に示すとおりです．

表 2.8　鋼管杭基礎の標準形状

基礎の形状	根入れ深さ D_f(mm)	基礎のせい D(mm)	立上がり部分の幅 b(mm)
I 形基礎	300 以上	350 以上	$t +$ 40 以上かつ 160 以上

〔備考〕t：ブロック壁体の厚さ

表 2.9　鋼管杭の標準配置

杭頭の定着長さ e（mm）	打設間隔 p(mm)	打設深さ l_f(mm)
100 以上	800 以下	750 以上*

* 打設深さは布基礎下端から測る．

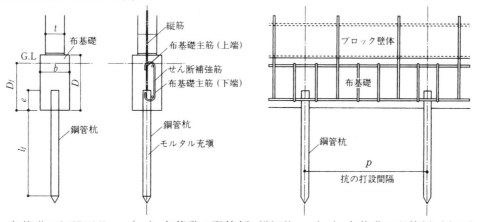

（イ）布基礎の標準形状　　（ロ）布基礎の配筋例（断面）　　（ハ）布基礎の配筋例（立面）

図 2.13　鋼管杭打ち基礎の標準的な形状

　鋼管杭打ち基礎工法は,亜鉛などの溶融めっきを施した耐食性の高い鋼管杭を使用し,建設場所の地盤調査を実施することを要件とする等,転倒防止に対する有効な構工法とされています.

2.2.6 透かしブロック

　透かしブロックは,平面的なブロック塀にアクセントを付け,かつ通風を兼ねるものとして使用されています.しかし,透かしブロックは,鉄筋の配置ならびに十分なかぶり厚さの確保が困難なものが多く,透かしブロックの多用によりブロック塀の適正な構造耐力および耐久性が得られないことがあるため,透かしブロックの使用は基本的に望ましくありません.学会設計規準では,透かしブロックの使用に関する規定として,図2.14に示すような透かしブロックの2個以上の連続,塀の最上部・最下部および端部には配置してはならないとしています.

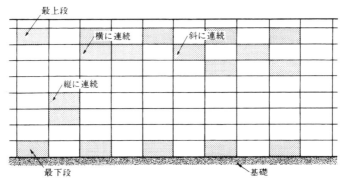

図 2.14　透かしブロックの望ましくない配置

2.2.7 金属製フェンス付きブロック塀

　金属製フェンスを取り付けたブロック塀には,その上段の全てにフェンスを設ける連続フェンス塀とブロック積み壁体の間にフェンスを配置する組込フェンス塀があります.金属製フェンスを取り付けたブロック塀に関する規定は施行令にはありませんが,学会設計規準に示されており,風圧力に対して安全を確保して設計する必要があります.

(1)連続フェンス塀

a. 高さ

　連続フェンス塀の高さ制限は図2.15に示すとおりで,連続フェンス塀の全高さは2.2m以下,腰壁およびフェンス部分の高さはそれぞれ 1.2m 以下と規定されています.ただし,フェンスに作用する地震力および風圧力を考慮した連続フェンス塀の換算高さは,フェンスの条件により定まる表 2.10 の数値をブロック壁体の高さに加算した高さとし,その上限は 1.6m と規定されています.

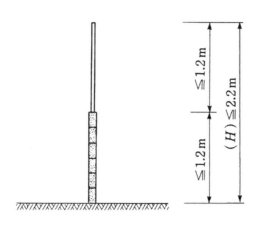

図 2.15 連続フェンス塀の高さ

表 2.10 ブロック壁体の高さに加算するフェンス部分の高さ

使用するブロックの種類	フェンス部分の高さ（m）	フェンスの風圧作用面積係数（γ）[*]		
		$\gamma \leqq 0.4$	$0.4 < \gamma \leqq 0.7$	$0.7 < \gamma \leqq 1.0$
空洞ブロック	以下0.6	0.2	0.4	0.5
	0.6を超え0.8以下	0.3	0.5	0.6
	0.8を超え1.0以下	0.4	0.6	0.8
	1.0を超え1.2以下	0.5	0.8	1.0
型枠状ブロック	以下0.6	0.1	0.2	0.3
	0.6を超え0.8以下	0.2	0.3	0.4
	0.8を超え1.0以下	0.2	0.4	0.5
	1.0を超え1.2以下	0.3	0.5	0.6

＊）γ:フェンスの風圧作用面積をフェンスの長さと高さとの積で除した値.

b.フェンスの定着

　フェンスは，縦筋の配置されていない空洞部に支持金物により定着します．また，支持金物は，壁頂部横筋に支障をきたさないように定着することを原則とします．

c. 配筋

　連続フェンス塀の縦筋は，フェンス部分の高さを換算して加えた高さを塀の高さとし，表 2.3 に示す間隔以下となるように配筋します．また，横筋の間隔は 800mm 以下とします．壁頂部分は，フェンスのない通常のブロック塀と同じように横筋を配置し，縦筋は壁頂部横筋にかぎ掛けするか，壁頂部の横筋を挿入するための空洞部に定着します．

　なお，フェンス支持の形状によりやむを得ず壁頂部横筋を連続して配筋できない場合の配筋は，学会設計規準によれば図2.16に示すとおりです．壁頂部分では，壁頂部横筋をフェンス支柱定着部分を除き連続して配置するとともに，ブロック塀の縦筋は壁頂部横筋にかぎ掛けするか壁頂部の水平空洞部に定着します．さらに，壁頂部から2段目のブロックに横筋を配置してブロック壁体の一体化を図ります．

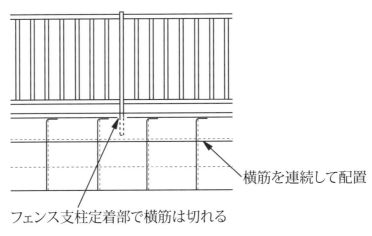

横筋を連続して配置

フェンス支柱定着部で横筋は切れる

図 2.16　連続フェンス塀の配筋

(2)組込フェンス塀

a. 高さ

　組込フェンス塀の高さは，1.6m以下と規定されています．この場合，学会設計規準では控え壁は要求されません．ただしブロック塀の厚さ，基礎の形状，根入れ深さ，配筋等に関しては，建築基準法施行令第62条の8および平成12年度建設省告示第1355号の定めの趣旨に沿って，さらに詳細な構造を規定している，学会設計規準を遵守することが必須条件となります．

b.フェンスの定着

　組込フェンスは，壁体の立上がりのない部分（以下，腰壁と記す）または壁体の立ち上がり部分（以下，立上がり壁と記す）に支持金物により定着します．

c. 配筋

　組込フェンス塀の腰壁および立上がり壁部分の縦筋は，表2.11に示す間隔以下となるように配筋します．また，横筋の間隔は，800mm以下です．

表 2.11　組込フェンス塀の縦筋間隔に関する学会設計規準

塀の高さ (H) (m)	使用鉄筋	空洞ブロック 縦筋間隔 (mm)	化粧ブロック ブロック長さ (mm)	化粧ブロック 縦筋間隔 (mm)	型枠状ブロック 縦筋間隔 (mm)
H≦1.2	≧D10	800	400,500,600	800	800
			900	800(900)[*]	
1.2<H≦1.4		800	400,500,600	600(800)[*]	500 (800)
			900	700(900)[*]	
1.4<H≦1.6		400(800)	400,500,600	400(800)[*]	400 (700)
			900	500(800)[*]	

*)（ ）内は、D13を使用した場合.

　組込フェンス塀の標準的な配筋は，学会設計規準によれば図 2.17 に示すとおりです．立上がり壁には，倒壊および落下防止のために縦筋を配置し，縦筋は通常のブロック塀と同じように壁頂部横筋にかぎ掛けするか，壁頂部の水平空洞部に定着します．図 2.17（イ）は，フェンス支持金物を工夫して腰壁の壁頂部横筋が連続するようにしたブロック塀の配筋を示します．図 2.17（ロ）は，フェンス支持金物により腰壁部分の壁頂部横筋が連続しないブロック塀を示すもので，フェンス支持の形状によりやむを得ず壁頂部横筋が切断される場合は，フェンス支柱定着部分を除き連続して壁頂部横筋を配置するとともに，縦筋を壁頂部横筋にかぎ掛けするか壁頂部の水平空洞部に定着します．さらに，壁頂部横筋が切断される場合は，壁頂部から 2 段目のブロックに横筋を配置してブロック壁体の一体化を図ります．

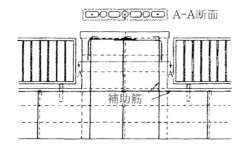
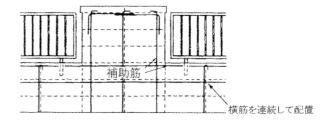

（イ）腰壁の壁頂部横筋をフェンス
　　　支柱中央部で貫通させた場合

（ロ）腰壁の壁頂部横筋がフェンス支持
　　　定着部で不連続になった場合

図 2.17　組込フェンス塀の標準的な配筋例

2.2.8 ブロック塀の立地と適合条件

　ブロック塀は，立地する場所により適合条件が変わります．ブロック塀の立地場所と建設の可否または高さとの関係は，図 2.18 に示すとおりです．安全なブロック塀を目指すには，ブロック塀の高さに適合した学会設計規準を遵守しなければなりません．ただし，国土交通大臣が定める方法に従った構造計算[付録2)]によって構造耐力上安全であることが確かめられた場合は，施行令や学会設計規準による必要はありません．また，普通地盤より軟弱と思われる地盤（軟弱地盤）の場合は，塀の高さを低くする，基礎の根入れ深さを深くする，埋戻し土を工夫する等の特別な配慮が必要となります．

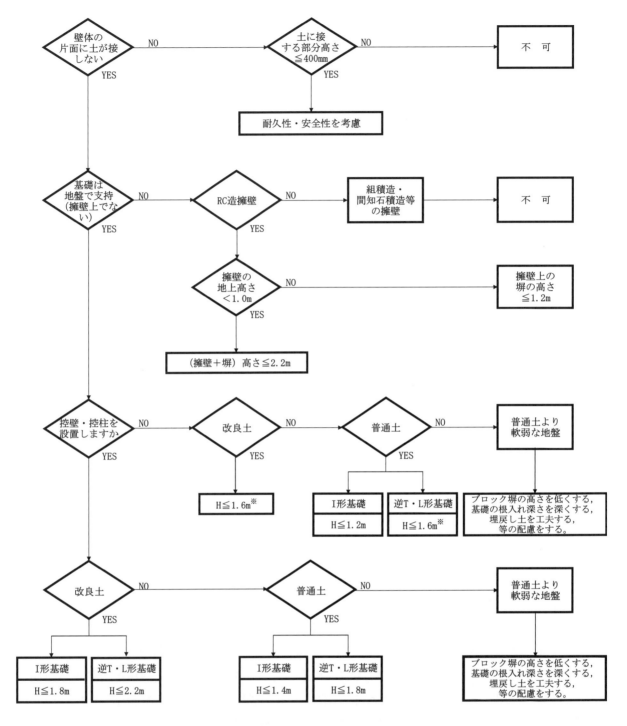

※ブロック塀の厚さ，基礎の形状，根入れ深さ，配筋等に関しては，建築基準法施行令第62条の8および平成12年度建設省告示第1355号の定めの趣旨に沿って，さらに詳細な構造を規定している学会設計規準を遵守することが必須条件となります．

図2.18　ブロック塀の立地と適合条件

2.3 ブロック塀のデザイン

2.3.1 転倒安全性の向上

　塀の壁体を平面的にL型やT型のようにすると，地震力や風圧力の転倒力に対する抵抗力が増し，転倒安全性が向上します．

写真 2.1　転倒安全性を向上させたブロック塀の例

2.3.2 転倒時の被害軽減効果

　塀の壁体の設置位置をなるべく道路境界線より後退させることにより，仮に塀が転倒あるいは崩壊した場合でも公共空間（道路）の人命・財産に対する被害ならびに倒壊による通行障害を軽減させることができます．

写真 2.2　転倒時の被害軽減効果のあるブロック塀例

2.3.3 町並みとの調和や町並みへの積極的な働きかけ

　閑静な住宅街にあっては，塀のデザインや色は落ち着いたものとします．また，道路境界には植栽を施してプランター等を設置できるような空間を確保し，季節の変化や町のお祭りの時などに華やかさを添える公共空間を演出できるような仕掛けを施します．

写真 2.3　街並みとの調和を意図したブロック塀の例（1）

写真 2.4　街並みとの調和を意図したブロック塀の例（2）

3．使用材料

　ブロック塀に用いる材料は表 3.1 に示すとおりで，ブロック塀の基本となるブロック，目地モルタルおよび充填コンクリートや充填モルタルを構成するセメント，骨材および混和材料，あらかじめこれらが混合され現場にて加水混練することにより使用が可能な既調合セメントモルタル，ならびに曲げモーメントおよびせん断力に抵抗する鉄筋です．これらの材料は，工業製品として日本工業規格[注2]（JIS）に規定されているもの，もしくはそれと同等以上の性能を有するものを用いるように JASS7 に規定されています．しかし，常に外気にさらされるブロック塀は，各種の大きな劣化外力を受けるなど過酷な環境条件下におかれるため，経年により性能が著しく低下します．したがって，ブロック塀に使用する材料は，基準を満たすだけではなくより高品質のものを用いることが重要です．また，これらの材料は安易に取り扱われることが多く，品質が低下しないように適切な状況で保管するとともに，使用直前に入念な点検を行い品質の確保に努めることも必要です．

[注2]　日本工業規格は，2019 年 7 月 1 日に日本産業規格（JIS）と改称された．

表 3.1　ブロック塀に使用する材料

使用材料	ブロック塀に使用する場合の規格および所要性能	ブロック塀に用いる際に推奨される品質・性能および使用する場合の注意点
ブロック	・JIS A 5406(建築用コンクリートブロック)に適合するものとする ・上記と同等以上の性能をもち、補強のための鉄筋を挿入し充填コンクリートまたは充填モルタルを充填できる空洞をもつか、または組積により同様の空洞を形成できるものとする	JIS A 5406(建築用コンクリートブロック)の強度区分C(16)以上の性能を有し、厚さ120mm以上のブロックを使用する
セメント	・JIS R 5210(ポルトランドセメント)に規定する「普通ポルトランドセメント」 ・工事監理者の承認を受けたもの	セメントモルタル・コンクリートとして必要な性質をもち、ある程度の強度発現速度が大きいものを使用する
既調合セメントモルタル	ブロック塀の強度・耐久性に支障のない品質を保証しているものとする	・水量は製造業者の指定による。施工性改善のため、過剰に水を加えることは、モルタルの品質を大きく低下するので行ってはならない ・既調合セメントモルタルには、各種のものがあり、左官用のものなど多孔質な骨材を混入したものもあるので、他の用途のものを用いてはならない
骨材	一般に、鉄筋コンクリート建築物に用いられている骨材程度のものとする 1)目地モルタル用細骨材　細骨材の最大寸法は2.5mm。粒度分布は表3.4による 2)充填モルタルおよび充填コンクリート用細骨材の粒度　細骨材の最大寸法5mm。粒度分布は表3.4による 3)充填コンクリートおよび充填モルタル用骨材の最大寸法　骨材の最大寸法は5～20mm。安定したグラウト充填が可能な範囲で大きくする	・充填コンクリート・モルタルに用いる細骨材の塩分量については、耐久性上の観点から0.04%以下とする ・細かすぎる細骨材や単一粒度に近い細骨材は使用しない ・最大寸法が2.5mmより小さい細骨材を充填モルタルに用いてはならない
水	・水道水であること	・塩化物を多量に含有したり、酸性を呈する水の使用は避ける ・海水は鉄筋腐食の原因となるため使用を禁止とする
混和材料	1)目地モルタル用混和材料 ブロックとの接着性、防水性、施工性、意匠性の向上のため、消石灰・顔料・合成樹脂エマルジョンなどの混和材料とメチルセルロースのような混和剤がある 2)充填・裏込めに用いるモルタル・コンクリート用混和材料 充填・裏込めのモルタル・コンクリートの流動性、充填性の向上を図るために使用する ・混和剤として、一般のコンクリート工事に用いる化学混和剤が中心となる ・混和材として、ワーカビリティー改善のため、フライアッシュ等の無機質混和材を使用する	混和材料を使用する場合は、ブロック塀の強度、耐久性が、使用上有害な程度まで低下しないことを確認したものを使用する
鉄筋および結束線	・鉄筋はJIS G 3112(鉄筋コンクリート用棒鋼)に規定される「異形棒鋼」とする ・結束線は指定がない場合は径0.8mm(B.W.G.21#)の鉄線とし、焼きなましを行ったものとする	鉄筋には、さび、損傷および有害な曲がりなどがないものを使用する
レディーミクストコンクリート	レディーミクストコンクリートは、JIS A 5308(レディーミクストコンクリート)による	発注に際しては、あらかじめ仕様書に記された要求性能および施工上必要な性能を十分に検討し、指定事項を生産者と協議して定める

3.1 ブロック

　ブロック塀に用いるブロックは，表 3.2 に示す品質をもつものとします．特に，ブロック塀は過酷な環境条件のもとにあるため，JIS A 5406:2017（建築用コンクリートブロック）の圧縮強さによる区分C（16）ブロックと同等以上の性能を有し，かつ厚さ 120mm 以上のブロックを使用することが望まれます．この JIS A 5406:2017（建築用コンクリートブロック）におけるブロックの種類および形状を表 3.2 および図 3.1 に示します．ブロックには，図 3.1 に示す基本形ブロックの他に，縦横二方向の鉄筋の配置が可能な空洞部を持つ基本形横筋ブロックと，コーナーブロック（隅用），まぐさ用，半切などの用途によって外部形状の異なる異形ブロックとがある．ブロックの性能は表 3.3 に示すとおりです．

表 3.2　ブロックの種類および記号

断面形状による区分	外部形状による区分	圧縮強さによる区分[a]	化粧の有無による区分	防水性による区分（記号）	寸法精度による区分(記号)
空洞ブロック	基本形ブロック，基本形横筋ブロック，異形ブロック	A(08),B(12),C(16),D(20)	素地ブロック，化粧ブロック	普通ブロック，防水性ブロック(W)	標準精度ブロック，高精度ブロック(H)
型枠状ブロック	基本形横筋ブロック，異形ブロック	20, 25, 30, 35, 40, 45, 50, 60			

注(a)　圧縮強さによる区分は，括弧内の記述によってもよい。

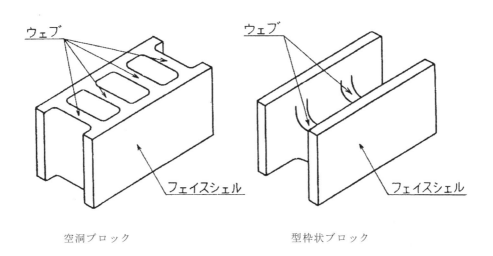

空洞ブロック　　　　　　　　　　型枠状ブロック

図 3.1　ブロックの断面形状の例示

表 3.3　ブロックの性能

断面形状による区分	圧縮強さによる区分	圧縮強さ[a] N/mm^2	全断面積圧縮強さ N/mm^2	質量吸水率 %	防水性[b] mL/(m^{2}h)	フェイスシェル吸水層の厚さ
空洞ブロック	A(08)	8以上	4以上	30以下	300以下	–
	B(12)	12以上	6以上	20以下		
	C(16)	16以上	8以上	10以下		
	D(20)	20以上	10以上			
型枠状ブロック	20	20以上	–	10以下	200以下	・フェイスシェル正味肉厚に対して2/3以下 ・貫通する吸水層があってはならない
	25	25以上		8以下		
	30	30以上				
	35	35以上		6以下		
	40	40以上				
	45	45以上		5以下		
	50	50以上				
	60	60以上				

注 a) 空洞ブロックの場合は，正味断面積圧縮強さとする．
　　b) 防水性は，防水性ブロックだけに適用し，透水性試験によって判定する．

　写真 3.1 は，圧縮強さによる区分 C (16) ブロックの空洞部に充填モルタルを充填して20年間屋外に暴露したブロック塀の切断面の状況を示すもので，C (16) ブロックを使用した場合は，充填モルタルは中性化していません．一方，写真 3.2 は，C (16) ブロックの空洞部内に配置されていた鉄筋の状態を示すもので，空洞部が充填モルタルにより密実に充填されていたにもかかわらず，鉄筋にはさびが確認されます．このように，ブロック塀においては密実に充填した空洞部内の鉄筋にもさびが見られることから，ブロック塀には，できるだけ強度が高く，吸水率の小さいブロックを使用しなければならないことを示唆しています．

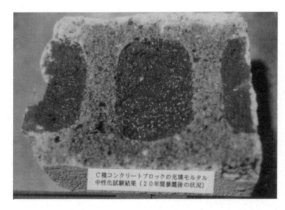

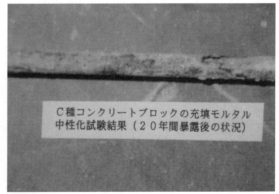

写真 3.1　20年暴露後のC (16) ブロック（充填モルタルの中性化が少ない）　　写真 3.2　左写真内に挿入されていた鉄筋（よく充填されていてもさびが発生する）

また，透かしブロックおよびかさ木については，JIS A 5406（建築用コンクリートブロック）の規格外品であること，縦筋の挿入が困難または不可能であること，透かしブロックの連続配置によりブロック塀の構造耐力および耐久性が著しく低下することなどを考慮しなければなりません．加えて，ブロックに割れ・欠けなどの破損が生じているものは使用できません．このため運搬や保管には特に注意が必要です．さらにブロック表面には仕上げが施されないことが多く，ブロック表面の汚れに対する注意も必要です．

3.2 セメントおよび既調合セメントモルタル

セメントおよび既調合セメントモルタルは，表 3.1 に示す品質をもつものを使用します．セメントはブロック塀に使用するモルタル・コンクリートとして要求される性質を満足するもので，通常は JIS R 5210（ポルトランドセメント）に規定される普通ポルトランドセメントを使用します．また，目地モルタルはブロック塀の構造耐力および耐久性に大きく影響することから，品質管理の行き届いた既調合セメントモルタルを用いることも検討すべきです．目地には目地幅あるいは目地厚さが 10mm 程度の普通目地と，目地幅が 3mm 程度の薄目地があり，薄目地は既調合セメントモルタルの使用を原則とします．

3.3 細 骨 材

ブロック塀工事に用いる骨材の品質は，鉄筋コンクリート工事に用いられるものと同様に細粗粒が適当に混合したもので，目地モルタル，充填モルタルおよび充填コンクリートに用いる細骨材は，表 3.1 に示す品質をもつものとします．また，細骨材の最大寸法および標準粒度は表 3.4 に規定するものとします．

表 3.4　細骨材の最大寸法および標準粒度

用　　途	最大寸法 (mm)	ふるいを通るものの質量百分率(%)						
		10	5	2.5	1.2	0.6	0.3	0.15
普通目地モルタル	2.5	－	100	90〜100	60〜90	30〜70	15〜45	5〜15
充填モルタル 充填コンクリート	2.5または5	100	90〜100	80〜100	50〜90	25〜65	10〜25	2〜10

3.4 混 和 材 料

混和材料は表 3.1 に示す品質をもつものとします．特に，目地モルタル用混和材料は目地モルタルとブロックとの接着性，防水性，施工性および意匠性の向上を，充填モルタルおよび充填コンクリート用の混和材料はその流動性および充填性を向上させる目的で使用するものであり，各用途に適した混和材料を選定しなければなりません．

3.5 鉄筋および結束線

ブロック塀に用いる鉄筋および結束線は，表 3.1 に示す品質をもつものとします．また JIS G 3112（鉄筋コンクリート用棒鋼）における鉄筋の種類および表示方法は，表 3.5 に示すとおりです．

表 3.5　鉄筋コンクリート用棒鋼の種類の記号と表示方法

区分	種類の記号	種類を区別する表示方法	
		圧延マークによる表示	色別塗色による表示
丸鋼	SR235	適用しない	赤(片断面)
	SR295		白(片断面)
異形棒鋼	SD295A	圧延マークなし	適用しない
	SD295B	1又は |	白(片断面)
	SD345	突起の数1個(・)	黄(片断面)
	SD390	突起の数2個(・・)	緑(片断面)
	SD490	突起の数3個(・・・)	青(片断面)

　ブロック塀に用いる鉄筋は，ブロック塀に作用する外力に抵抗するための重要なもので，写真 3.3 および写真 3.4 に示すようなさびを鉄筋に生じさせないようにかぶり厚さの確保等の対策が必要になります.

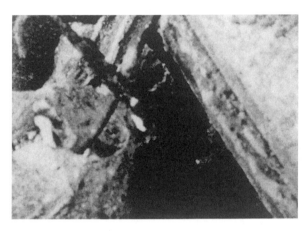

写真 3.3　倒壊したブロック塀中の
さびてなくなった鉄筋（劣化）

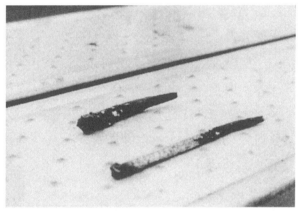

写真 3.4　写真 3.3 のブロック塀から
はつりだした鉄筋（断面欠損）

3.6　レディーミクストコンクリート

　ブロック塀に用いるコンクリートは，JIS A 5308（レディーミクストコンクリート）によるものとし，その発注に際してはあらかじめ仕様書に示される要求性能ならびに施工上必要な性能を十分に検討し，指定事項を生産者と協議して決めます.

4．施　　工

　ブロック塀の施工は，JASS7 により行うことを原則とします．したがって，ブロック塀は，職業能力開発促進法に基づく「ブロック建築技能士」もしくは（公社）日本エクステリア建設業協会が認定する「建築コンクリートブロック工事士」が施工することを推奨します．

4.1　施　工　計　画

　施工者は，ブロック塀の施工に先立ち施工計画を立案し工事の円滑な遂行をはかるとともに，施工図を作成して施行令および学会設計規準等の基（規）準との整合を確認する必要があります．

4.1.1 施　工　手　順

　ブロック塀の標準的な施工手順は，付録3に示すとおりです．また，設計したブロック塀と各種基（規）準との整合は，仕様カルテ[付録4]等により確認します．

4.1.2 施　　工　　図

（1）基礎

a. 根切り，埋戻し，基礎の根入れ深さならびに地盤からの立上がり

　　基礎の寸法・形状を確認し，根切り深さ，地業および床付け面を確認します．ブロック塀の支持地盤は根切りの対象となる表層土であり，不用意な根切りによる悪影響を避けるとともに，埋戻しには良質な土を用い入念に締め固めることを検討します．

　　さらに，基礎の根入れ深さや地盤からの立上がり等の高さ関係（図 2.12 参照）では，ブロック塀は壁体部分に土圧が作用することを考慮していないことを踏まえ，傾斜地や地盤に著しい高低差のある敷地では特に注意し，構造耐力および耐久性の確保に配慮します．

b. 基礎の形状・寸法および配筋

　　学会設計規準には，地盤の特性とブロック塀の高さとの関係（表 2.1 参照）が基礎の形状・寸法および根入れ深さとともに規定されている（表 2.6，表 2.7，図 2.12，図 2.13 参照）ので確認します．基礎は，水平方向に配置する主筋と，鉛直方向に配置するあばら筋の配筋により補強する必要があります．同時に，基礎の上端面における壁体の縦筋位置を確認し，台直しと称する根付けにおける縦筋位置の修正を避けます．また，化粧ブロックを使用する場合は，ブロック寸法と縦筋間隔との関係（表 2.3 参照）を確認し，適正な鉄筋間隔を確保します．

　　さらに，控え壁がブロック塀の転倒防止に対して有効に機能するための条件である控え壁の基礎とブロック塀壁体の基礎との一体性を確認します．

c. 隣地あるいは道路境界線との位置関係ならびに地下埋設物との関係

　　地中に埋設する逆T形およびL形基礎のはね出し部分（基礎スラブ）については，敷地境界ならびに建築物の基礎との位置関係を確認します．また，給排水管およびガス管等の地下埋設物の位置を確認し，状況によっては，それらに対する養生等を検討します．

(2) 壁体

a. ブロックの割付，縦筋・横筋の位置および間隔

　　ブロックの割付図は，原寸の 1/20〜1/50 の縮尺で基本形ブロック，透かしブロック，異形ブロックならびに長さ調整用に切断したブロックの割付状況を確認するために作成します．ブロックの割付図では，鉄筋位置を明示し鉄筋間隔（表 2.3 参照）および必要鉄筋量を確認します．また，化粧ブロックや長さ調整のために切断したブロックを用いる場合は，必要鉄筋量の確保のために鉄筋間隔に注意が必要です．

　　なお，ブロック塀の配筋は単配筋であるため，構造上重要な縦筋を空洞内の厚さ方向の中心に配置し，横筋は縦筋に添うように配置します．

　　さらに，ブロックの割付図には，充填モルタルの充填箇所を明示するとともに空洞部内での鉄筋の位置関係を示し，かぶり厚さの確保状況を確認します．特に，厚さ 100mm のブロックを使用した場合は，縦筋および横筋に対する 20mm 以上のかぶり厚さが確保されていることを確認し，かぶり厚さが不足する場合には使用するブロックの変更を検討します．図 4.1 は，厚さ 100mm のブロックを用いた場合のかぶり厚さの一例で，かぶり厚さの規定値を満足することが困難なこともあります．本書では，十分なかぶり厚さを確保するために，学会設計規準によれば厚さは 120mm 以上ですが，耐久性を考慮すると，厚さが 150mm 以上のブロックの使用を推奨します．

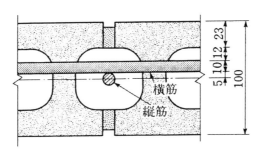

図 4.1　厚さ 100mm のブロック塀のかぶり厚さが不足する例

　　透かしブロックは，ブロック塀の構造耐力および耐久性の観点から，学会設計規準では 2 個以上の連続，最上段・最下段および端部へ配置する場合の対策として，透かしブロックの形状（縦筋が挿入できるスペースの確認）や圧縮強度の確認が求められています（図 2.14 参照）．また，透かしブロックが同じ高さの段では連続していないが上下方向にずれて 1 本の縦筋の左右に配置することは，透かしブロックの連続配置と同様にブロック塀の構造耐力を低下させる一因となるので注意が必要です．

　　敷地の内外で著しい高低差がある場合や擁壁の上に設置されているブロック塀では，塀の高さを明記し高さに関する規定（図 2.10 参照）を満足していることを確認します．

b. 鉄筋の定着，横筋の継手位置

　　縦筋は，本会「建築工事標準仕様書・同解説　JASS5　鉄筋コンクリート工事」（以下，JASS5 と記す）に規定されているとおりフックなしでは鉄筋径の 40 倍以上，180°フック付きでは鉄筋径の 30 倍以上基礎に定着し，基礎から壁頂部まで 1 本で配筋しなければなりません．また，縦筋は，壁頂部横筋に鉄筋径の 4 倍以上の余長を付けて 180°フックでかぎ掛けするか，鉄筋径の 10 倍以上の余長を持つ 90°フックにより横筋と緊結します．また，施工図には定着長さを含めた縦筋の正確な長さ表示します．

　横筋は，基本形横筋用ブロック内の適正な位置に配置します．ここで，適正な位置とは，横筋の周囲全てにおいて 20mm 以上のかぶり厚さが確保されていることです．さらに，横筋には重ね継手の使用が認められているので，継手の位置を明示します．

c. 壁頂部の納まり

　ブロック塀の壁頂部に設けられるかさ木は，壁体への雨水等の浸入防止の効果があり耐久性上の有効性が認められますが，固定の程度や縦筋の納まりに対する問題が指摘されています．現状では，壁体に固定する手段として，目地モルタルの接着力に期待することになります．一方，コンクリートブロック製かさ木に代わるものとして，モルタル塗りや丸がわらなどが使用され，その場合には，納まりのみでなくかぶり厚さも含めたディテールを検討する必要があります．また，防水剤入りモルタルを用いると，壁体内への水分の浸透抑制に効果があります．一方，連続フェンス塀や組込フェンス塀における腰壁の壁頂部の納まりも，同様となります．さらに，組込フェンス塀における縦筋の立上がり壁の壁頂部においては縦筋と横筋が輻輳するので，納まりやかぶり厚さの確保について確認します．

(3) 金属製フェンスの納まり

a. 金属製フェンスの支持金物

　金属製フェンスの支持金物がブロックの空洞内に挿入できること，ならびに空洞内には固定のためのモルタルが密実に充填できることを確認します．また，金属製フェンスの支持金物を固定するためのモルタルを保持するために，固定用モルタルを充填する部分の下部には必ず基本形横筋ブロックを配置します．

b. フェンス塀の腰壁

　連続フェンス塀および組込フェンス塀におけるフェンス支持金物の腰壁への定着部では壁頂部横筋を切断することになるので，配筋および納まりの状況について次の項目で詳細に検討します．なお，フェンス支持金物の納まりとブロック塀の配筋の標準的な例は，図 2.16 および図 2.17 を参考にしてください．

①フェンス支持金物の腰壁への定着は，縦筋が配筋されていない位置に設ける．したがって，フェンス支持金物は，縦目地空洞部には定着しない．

②壁頂部横筋は，フェンスの支持金物部分を除き連続して配置する．

③腰壁最上段から 2 段目のブロックに横筋を配置する．

④腰壁部分の縦筋は，壁頂部横筋に確実に固定するか壁頂部の空洞部に定着する．

c. 立上がり壁

　組込フェンス塀の壁体の立上がり壁部分は腰壁部分と構造的および視覚的に連続することが原則であり，基礎から立上がり壁の壁頂部まで 1 本の縦筋を通すことになります．さらに，立上がり壁端部の縦筋では，適正なかぶり厚さの確保について確認します．

(4)控え壁・控え柱

　控え壁・控え柱は，ブロック塀の転倒に抵抗するものとして一定高さ以上の塀に設けられるもので，壁体とは基礎から一体化されていることを確認します．ここで，一体化とは，外見的のみならず連続する一体の布基礎および横筋により，壁体と緊結されていることであり，施工図において確認します．

なお，学会設計規準では，控え壁は空洞ブロックまたは型枠状ブロックを組積してその空洞部を全充填したもの，あるいは鉄筋コンクリート造で作られるものとしています．

4.1.3 材料の取扱いおよび保管

(1) ブロック

ブロックの取扱いおよび運搬は，割れ・欠けなどの破損を生じないように丁寧に行います．また，ブロックを保管する場合は，積高さを 1.6m 以下とし平坦な場所に種類ごとに区分し崩れないように積みます．さらに，保管中のブロックは土などで汚れないようにするとともに，雨水等の水を吸収しないように留意します．

(2) セメント

袋詰めセメントは，雨水等の水がかからないようにするとともに，吸湿しないように保管します．したがって，セメントを土に接するように保管することは禁止されています．また，保管中の袋詰めセメントは崩れないように整頓して積み，積高さが過度に高くならないように注意します．長期間保管したセメントや保管中に凝固あるいは風化したおそれのあるセメントは使用してはなりません．

(3) 骨材

骨材は種類別に区切り，ごみや土などの有害物が混入しないように保管します．

(4) 鉄筋

鉄筋は，土と接することのないように保管します．また，鉄筋にさびが生じないように雨露や潮風などが当たらないように配慮するとともに，泥・ごみ・油等で汚染されないようにします．

4.2 モルタルおよびコンクリートの調合・製造

モルタルおよびコンクリートの品質は使用材料，調合，製造方法等により異なり，ブロック塀の構造耐力および耐久性に大きく影響します．したがって，施工者は，ブロック塀に用いるモルタルおよびコンクリートについて，JASS7 等に規定される要求条件を守り，適切な調合・製造により所要の要求性能を満足するようにしなければなりません．

4.2.1 モルタル

ブロック塀に用いるモルタルには目地モルタルおよび充填モルタルがあり，JASS7 では $18N/mm^2$ 以上の 4 週圧縮強さが要求されています．モルタルの強度管理は，原則として鉄筋コンクリート工事におけるコンクリートの調合設計と同じように水セメント比で管理すべきです．しかし，使用材料を質量によって管理する水セメント比による手法は，ブロック塀のような小規模現場には不向きです．したがって，JASS7 におけるブロック工事に使用されるモルタルの調合は，従来からの方法であるセメントと細骨材との容積比による簡易な手法が用いられています．ブロック塀工事に用いる目地モルタルは，表3.4 に示す粒度分布をもつ細骨材を用い，表 4.1 に示すセメントと細骨材との容積比によって調合し，適切な施工軟度が得られる水量により製造します．このような手法により製造されたモルタルは，ブロック塀に要求される $18N/mm^2$ 以上の 4 週圧縮強さの規定を満足することが確認されています．

表 4.1　モルタルの調合（容積比）

用　　途	セメント	細骨材
目地モルタル	1	2.5～3
充填モルタル	1	2.5

［備考］計量は，次の状態を標準とします.
　　　　セメント：軽く詰めた状態（単位容積質量 1.2kg/l 程度）の容積.
　　　　細 骨 材：表乾（表面乾燥内部飽水状態）で，軽く詰めた状態の容積.

　細骨材の粒度分布は，適正な施工軟度を確保するために使用する水量に大きく影響するので，適切な粒度分布をもつ細骨材を選定しなければなりません.一方，粒度の大きな細骨材を用いるほど使用する水量を減少できますが，これのみの使用は目地部の防水性を低下させます.また，粒度の小さい細骨材を用いると防水性は向上しますが，使用する水量が増大し乾燥収縮が大きくなり，目地の収縮ひび割れを発生させる要因となります.したがって，目地モルタルに用いる細骨材は 5mm 目のふるいでふるった最大寸法 2.5mm のものとし，表 3.4 に示すような適切な粒度分布をもつものとします.

　目地モルタルの施工軟度は組積工によって異なりますが，過度に硬いモルタルは，組積作業によるモルタル部分の沈下を生じにくくする反面，ブロックと目地モルタルとの接着力がほとんど得られないこともあります.したがって，目地モルタルの調合は，ブロックの接着面と目地モルタルとがよくなじみ，接着性がよくなるようにすることが大切です.また，適切な施工軟度はブロックの種類や含水状態によっても異なり，普通モルタルだけでは良好な接着が得られない場合は，保水性を向上させる混和材料を適宜選定し用います.

　ブロック塀の空洞部に充填される充填モルタルの調合は，表 4.1 に示すとおりです.ブロック塀の空洞に対する充填は，ブロックを 1～3 段組積した後に充填モルタルを充填する「逐次充填」が一般的であるため，充填モルタルと目地モルタルを共用することが多く見受けられます.この場合，目地モルタルとして混練りされたモルタルは充填モルタルとしては硬い傾向にあり，細い棒などを用いて入念に充填しなければなりません.モルタルの軟度を増す目的で後から水を加えると施工軟度は大きくなりますが，結果として充填モルタルの水セメント比が大きくなりブロック塀の構造耐力および耐久性を低下させる要因となるので，練混ぜ後の加水は禁止されています.

4.2.2 コンクリート

　ブロック塀に用いるコンクリートは充填コンクリートおよび基礎用コンクリートであり，JASS7 ではコンクリートの設計基準強度として 18N/mm^2 以上の圧縮強さを要求し，JIS A 5308 に適合した「レディーミクストコンクリート」の使用を原則としますが，小規模工事の場合は，施工現場においてコンクリートを作製することがあります.一般に，コンクリートは水セメント比を基準として調合設計されますが，ブロック塀のような小規模現場では骨材の表面水率の補正が困難であること等を考慮し，JASS 7 に規定される表 4.2 に示すセメントと骨材との容積比により調合する簡便な手法によっても要求される強度を確保することができます.なお，この場合のスランプは水量によって調整されるので，結果として水セメント比が変動することになります.

表 4.2　充填コンクリートの調合（容積比）

用　　途	容積比		
	セメント	細骨材	粗骨材
充填コンクリート	1	2	2

［備考］計量は，次の状態を標準とします．
　　　　セメント：軽く詰めた状態（単位容積質量 1.2kg/l 程度）の容積．
　　　　細 骨 材：表乾（表面乾燥内部飽水状態）で，軽く詰めた状態の容積．

　一方，充填コンクリートのスランプはブロックの空洞部を隙間なく充填できる範囲で決めます．一般にスランプが大きい場合，ブリーディング（浮き水）による欠陥が発生しやすくなります．したがって，ブロック塀に用いるコンクリートのスランプは，充填方法，ブロックに対する水湿しの程度，空洞部の大きさ，充填高さ等を考慮して密実に充填可能な範囲でできるだけ小さくします．

4.2.3 練　混　ぜ

(1)機械練りの原則

　モルタルおよびコンクリートは，十分に練り混ぜられて所要の性能を発揮するものであり，練混ぜはミキサーを用いた機械練りとします．また，混和材料を用いる場合は，材料の投入順序なども考慮して均一に練混ぜます．しかし，モルタルにおいて使用量が少ないためやむを得ず手練りとする場合は，3 分程度の空練りを行い，その後注水しながら適切な施工軟度が得られるまでよく練り混ぜし，所要の品質を確保します．

(2)空練りおよび練置き

　水や水の一部として混和される混和材料を除いたモルタルおよびコンクリートを長時間空練りして放置することは，放置の間にセメントと骨材や空気中に含まれる水分とが接触しセメントの水和反応を進行させることになり，強度不足や接着不良の原因となります．したがって，やむを得ず長時間空練りする場合は，砂などの含水状態および環境条件を考慮して放置時間を設定するか，空練り放置時間を練置き時間に含めて表 4.3 に示す練置き時間の限度を守らなければなりません．

表 4.3　練置き時間の限度

用　　　途	時間（分）
目地モルタル	60
充填モルタル	90
充填コンクリート	120

　セメントは水と反応して硬化する水硬性の材料であり，練置き期間中も水和反応は進行し，モルタルおよびコンクリートの流動性は時間とともに低下し施工しにくくなります．一般に，モルタルやコンクリートの可使時間は温度やセメントの種類によって異なりますが，常温では加水後 2〜3 時間程度とされています．

　JASS7 に規定されているモルタルやコンクリートの練置き時間の限度は表 4.3 に示すとおりですが，気温の高いときや風の強いときなどの気象条件によっては，短時間で材

料を使い切ることを検討するとともに，表面からの急激な水分の発散を防止しモルタルおよびコンクリートの硬化不良や施工性の低下防止に努めます．また，練混ぜ後長時間経過したモルタルおよびコンクリートは強度，耐久性等，所要の品質が確保できなくなるので使用してはなりません．

4.3　工　　法
4.3.1　や　り　方

「やり方」とは，文献 8)によると図 4.2 に示すようなブロック塀の高さおよび位置を定めるために，ブロック塀の設置位置に設ける仮設標示物です．ブロック塀の施工における「やり方」は，ブロック塀の施工精度を高めるために非常に重要なものです．

ブロック塀の高さ方向の測定基準は，立地する状況により相異するので注意します．ブロック塀の高さは建物敷地と道路面および隣接敷地等との高さ関係により決まるので，図 2.9 および図 2.10 を参照してください．

また，ブロック塀の設置位置および方向は道路および隣地との境界近傍となるので，基礎の地中部分まで含めて「やり方」により正確に位置決めを行います．

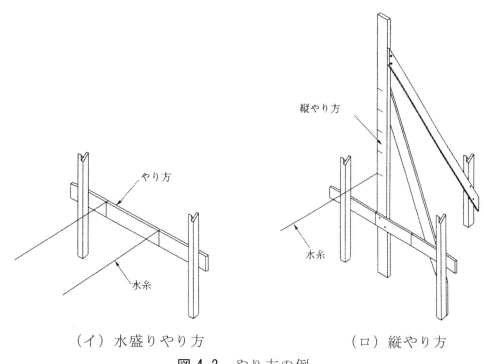

（イ）水盛りやり方　　　　（ロ）縦やり方

図 4.2　やり方の例

4.3.2　根切りおよび地業

根切りの深さは，必要最小限の深さとします．地盤の表層土がブロック塀の支持地盤となることを考慮して，必要以上の根切りは避けなければなりません．また，基礎底面が接する床付け面を乱した場合は，山砂や良質土を用いて自然に近い状態に修復します．ブロック塀の地業は，砂利地業によることが多く，砂利の均一な敷き厚さを確保し，均等，かつ強固に転圧します．

埋戻しは，埋戻し土が基礎の面外方向の回転を抑える側圧（土圧）として作用することになるので，砂利や砕石を混合した砂まじり土を強固に突き固めるか，表層をコンク

リート等で固めます．特に，軟弱地盤の埋戻しには，根切り土を用いることなく砂利や砕石を混合した良質の土を用い強固に締め固めるか，改良土によるなどの配慮が必要です．

4.3.3 鉄筋の加工および組立て

　ブロック塀の鉄筋は，施工図に従い加工および組立てを行います．また，ブロック塀の鉄筋は狭い空間に配置されるため，縦筋・横筋ともに精度良く加工および組立てを行わなければなりません．

　縦筋は，ブロック割付図に従い基礎コンクリートの打込みに先立ち基礎コンクリート中に適正な定着を確保し，基礎の上端面の所定の位置に垂直に配置します．ブロック塀の壁体内部で曲がって配置された鉄筋は，地震力などの水平力を受けたときに曲がっている部分が伸び，計算どおりの働きをすることができません．また，縦筋の壁頂部における納まりは，壁頂部の横筋に鉄筋径の4倍以上の余長を付けて180°フックでかぎ掛けするか，鉄筋径の10倍以上の余長を持つ90°フックにより，横筋と緊結します．

　壁体内に配置された縦筋は，図4.3に示すような頭つなぎ支保工により施工中の移動および過度の揺れを防止します．施工中に揺れを生じた縦筋は，充填モルタルとの付着を阻害することや目地切れを誘発するおそれがあります．一方，ブロックの組積において縦筋を曲げると積みやすくなることがありますが，縦筋を元の位置に戻すときに積み終わった部分の目地を痛めることになるので，縦筋は常に所定の位置に固定して施工します．

　縦筋の配置が不適切で鉄筋の位置に不都合が生じた場合の措置として，「台直し」と呼ばれる方法により縦筋の位置を調整することがあります．しかし，台直しにより不都合が全て解決されることはなく，縦筋の立上がり位置のずれによりブロック塀の構造耐力および耐久性等が低下することになります．縦筋が挿入されるブロックの空洞部は比較的狭いので，その部分で重ね継手を設けると充填コンクリートや充填モルタルの充填が悪くなり，継ぎ手での力の伝達が不十分になるため，ブロック空洞部内での縦筋の重ね継手は禁じられています．縦筋はブロック塀の構造耐力上重要な働きをするものであり，その施工には細心の注意を払わなければなりません．

　なお，あと施工アンカーを用いて縦筋の定着を図ることも考えられますが，ブロック塀におけるあと施工アンカーは，構造耐力および耐久性上の効力が検証されておらず，JASS7ではその使用を禁止しています．

　横筋は，図4.4に示すような不適切な配置とならないように，基本形横筋用ブロックの水平溝部に敷設された目地モルタル中に所要のかぶり厚さを確保して配置します．

　かぶり厚さは，縦筋および横筋ともに20mm以上とします．かぶり厚さは，鉄筋表面とこれを覆うモルタルまたはコンクリートの表面までの最短距離（表2.4および図2.11参照）のことで，直接土に接する型枠状ブロックを用いた基礎の立上がり部分以外は，フェイスシェルおよびウェブの厚さは含みません．

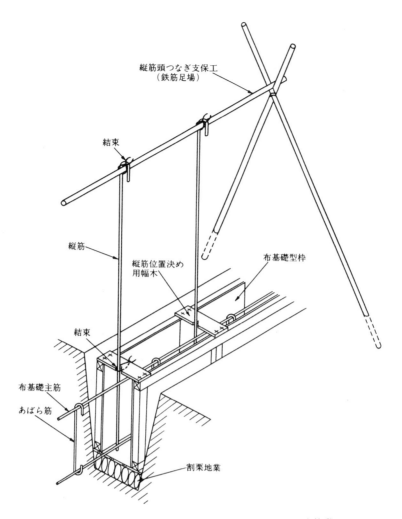

縦筋頭つなぎ支保工
（鉄筋足場）

結束

縦筋

縦筋位置決め
用幅木

布基礎型枠

結束

布基礎主筋

あばら筋

割栗地業

図 4.3　縦筋の頭つなぎ支保工の例[文献6)]

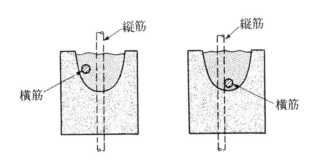

縦筋

縦筋

横筋

横筋

図 4.4　不適切（かぶり不足）な横筋の配置例

　鉄筋の加工および組立てが終了した時点で，鉄筋の位置や本数等に関する配筋検査を行い，配筋の状況を確認します．

4.3.4 基 礎 工 事

　ブロック塀の基礎部分の鉄筋コンクリート工事は，JASS5 に準じて行います．

　ブロック塀の基礎工事では，ブロック塀壁体の縦筋の正確な位置決め，ならびに打込み時の縦筋の保護等に注意します．

4.3.5 組　　積

(1)最下段

「根付け」と呼ばれる基礎と最下段ブロックとの境界部分は，ブロック塀の構造耐力および耐久性を左右する重要な部位であることを念頭において施工します．

根付けモルタルの敷設に先立ち，基礎コンクリート上端面の状態を調べ，基礎コンクリートと根付けモルタルとの接着に不都合が生じると思われるレイタンス[注3]，泥・ごみ等が確認される場合は，ワイヤーブラシ等でコンクリート表面の清掃・調整を行います．さらに，基礎コンクリート上端面の著しい傾斜や突起は最下段ブロックの組積に悪影響を及ぼすので，はつり等により調整します．また，基礎コンクリートが過度に乾燥している状態のときに最下段のブロックを組積すると，根付けモルタルの水分がコンクリートに吸収され目地モルタルとして要求される強度が得られなくなるので，組積に先だち予めコンクリートに対して適度な水湿しを行います．適度な水湿しとは，散水して表面が乾き始める状態が一般的です．最下段のブロックは，縦やり方を基準として水平に張った水糸にならい端部からブロックの天端を揃えて組積します．一方，縦やり方を用いないで組積するときは，水準器等を用いて水平を確認しながら慎重にブロックを敷設します．このとき，縦筋が基礎上端面の所定の位置に配置されていれば組積作業は円滑に進みます．

(2)壁体の組積

最下段ブロック以外のブロックの組積は，次のように行います．

a. 縦やり方を基準として引き通した水糸にならい，各段ごと，端部よりブロック上端の高さを揃えながら組積します．

b. ブロックは，図4.5に示すように断面形状により，上下を確認して組積します．

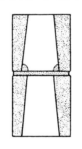 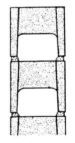

（イ）空洞ブロック　　　　　　　（ロ）型枠状ブロック

図4.5　ブロックの上下

空洞ブロックは，製造上の要因によりフェイスシェルの上下に厚みの差が生じるので，横目地のモルタル塗布と組積の安定性を考慮し，フェイスシェルの厚みの厚い方が上になるように組積します．一方，片えぐり型ウェブの型枠状ブロックは，ブリーディングの影響を考慮してくり込まれている面を下にして組積します．

c. 目地モルタルは，縦目地および横目地ともに，接着面全面に隙間が生じないように塗布します．

[注3]　レイタンスとは，コンクリートの打込み後，ブリーディングに伴い内部の微細な粒子が浮上し，コンクリート表面に形成するぜい弱な物質の層のこと．

d. 目地幅 10mm のモルタル目地工法による場合の 1 日のブロック組積高さは，下段の目地モルタルを保護する観点から 1.6m 以下とします．

e. 目地モルタルを押し目地仕上げ（一本目地仕上げ）とする場合は，目地押さえ深さは，3mm 以内を原則とします．

(3) 充填

空洞部への充填モルタルあるいは充填コンクリートの充填は，次のように行います．

a. 横筋を配置した横目地空洞部の充填モルタルは，横筋の周囲および長さ方向全体に適正なかぶり厚さを確保しながら，隙間が生じないように密実に充填します．特に，横目地空洞部と縦目地空洞部との交差部付近には空隙が生じやすいので，注意します．

b. ブロック塀壁体の縦目地空洞部への充填モルタルあるいは充填コンクリートの充填は，ブロックの積高さ 1～3 段ごとに充填する逐次充填工法により行い，細長い丸棒等を用いて空隙ができないように密実に充填します．逐次充填工法における充填作業は，縦目地空洞部と横筋を配置した目地との交差部に隙間が生じることなく密実な充填を行うために，横筋を配置した段の位置で縦目地空洞部に対する充填作業を行います．

c. 1 日の作業終了時の縦目地空洞部への充填モルタルあるいは充填コンクリートの打込み高さは，構造耐力の低下ならびに充填部分への水分の浸入を防止する等の観点からブロックの上端から約 5cm 下がりとします．

(4) 金属製フェンス付きブロック塀の腰壁

金属製フェンスを取り付けたブロック塀の腰壁は，一般的なブロック塀の壁体と同様に施工します．ただし，腰壁の最上段のブロックは，縦筋を有する空洞部以外のところでフェンスの支持金物を受けることになり，納まり上その部分の横筋は切断され不連続となります．構造耐力上，横筋の切断は最小限にします．その場合，最上段から 2 段目のブロックには必ず横筋を配置し，壁体の強化ならびにフェンス支持金物の固定用モルタルを保持します．さらに，腰壁の最上部にはモルタル等により腰壁内への水の浸入を防止する措置を講じます．

(5) 組込フェンス塀の立上がり壁

組込フェンス塀の立上がり壁部分の組積は，腰壁部分の組積と同様に行います．特に，立上がり壁の縦筋が省略されることがあるので，立上がり壁部分の縦筋も基礎から一本もので立ち上げ壁頂部で横筋にかぎ掛けして定着します．また，立上がり壁の両端には必ず縦筋を配置し，その納まりは隅用（コーナー用）ブロックを用いるかモルタルにより十分なかぶり厚さを確保するように施工します．このとき，コーナーブロック（隅用）を用いる場合，縦筋を曲げないと適正なかぶり厚さの確保が困難になることがあるので注意します．

4.3.6 金属製フェンスの支持

連続フェンス塀および組込フェンス塀の金属製フェンスは，フェンス支持金物を腰壁部分の縦筋が配置されていないブロックの空洞部に挿入することにより支持します．一方，フェンス支持金物は，それを挿入したブロックの空洞部に充填する固定用の充填モルタルにより固定されます．

4.3.7 控 え 壁

　控え壁は，ブロック塀壁体と基礎とが一体となるように施工します．また，控え壁は，空洞ブロックまたは型枠状ブロックを組積しその空洞部を全充填したもの，もしくは鉄筋コンクリート造とします．さらに，ブロックを使用した控え壁の厚さは，必要かぶり厚さを満たすために 150mm 以上必要になります．

　控え壁とブロック塀壁体とは，図 4.6 に示すように控え壁の効果を最大限に発揮させるため完全に一体化します．一体化は，基礎の連続性ならびに適切な横筋の配置により可能となるもので，控え壁の横筋はブロック塀壁体部分の縦筋にかぎ掛けして定着します．官庁営繕の仕様では，壁体と控え壁の接合部や端部の縦筋は D13 以上としています．また，基礎がブロック塀壁体部分と一体化されていないと，控え壁のない側への面外転倒に対して抵抗することができません．全充填されたブロック組積の控え壁または鉄筋コンクリート造の控え壁は，この面外への転倒に対して抵抗します．

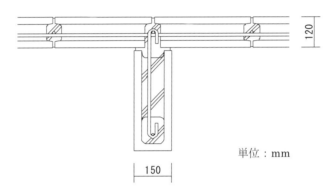

単位：mm

図 4.6　ブロック塀壁体と控え壁の一体化

4.4　工 事 検 査

　ブロック塀は，単純で簡易な構造物ですが煙突と同じように屋外の自立構造物であり，常に外気にさらされる過酷な環境条件のもとに設置されています．さらに，ブロック塀が立地する敷地境界は公道に接することが多く，その倒壊による第三者への被害に対しては所有者の責任が問われることになります．そのためブロック塀の検収に際しては，設計者，工事監理者および施工者はもちろんのこと，ブロック建築技能士または建築コンクリートブロック工事士などの専門家による検査，さらに所有者も自己責任の認識のもとで確認を行うことが必要となります．

4.4.1　適用の原則および目的

　ブロック塀に関する試験・検査の目的は，ブロック塀が設計図書に記述されている所要の品質を有していることを確認することです．ブロック塀も建築物としての建築確認を受けることが望ましく，工事の各段階で試験・検査を行う必要があります．

　検査には受入検査，中間検査および完成検査があります．受入検査では，使用する材料が指定された品質・規格等を有するものであることを確認します．中間検査では，工事が指定された工程どおりに行われていることを確認します．したがって，中間検査において不具合があった場合は，修正が行える段階で修正します．完成検査では，完成したブロック塀が所要の品質を有するように完成していることを確認し，最終的な合格を承認します．

4.4.2 受 入 検 査

　施工者は，工事の始まる前に設計図書および施工計画を把握し，使用する材料の納入数量および JIS 等の規定を満足していることを確認します．受入検査において不合格となったものは返品し，改めて納品を行います．

　受入検査における使用材料の検査項目およびその要点は，次に示すとおりです．

(1)ブロック

　ブロックは，断面形状による区分，外部形状による区分，圧縮強さによる区分，化粧の有無による区分等について検査し，JIS A 5406（建築用コンクリートブロック）の規格品もしくはそれらと同等以上の性能を有するものであることを確認します．ただし，かさ木ブロックには鉄筋アンカーが付けられるか，透かしブロックには鉄筋に対するかぶり厚さが確保されるかを確認するなど，これらは JIS の対象外なので独自の基準により検査を行います．また，受入時には，ブロックに使用上有害なひび割れ，反り，きず，角欠けなどがないことを確認するとともに，基本形ブロック，基本形横筋ブロック，異形ブロック等の納入個数を確認します．

(2)セメント

　ブロック塀に関する施行令，学会設計規準および JASS7 は，普通ポルトランドセメントを使用することを前提としているので，ブロック塀工事には普通ポルトランドセメントを使用します．

　なお，セメントは製造されてから長い月日を経過すると風化が進行し，コンクリートやモルタルのワーカビリティー，強度発現等に問題を生じることがあるので，凝固の有無を調べるなどにより風化が進行していないことを確認します．

(3)骨材

　細骨材は，表 3.4 に示す最大寸法および標準粒度の規定を満足することを確認します．粗骨材は，表 3.1 に示すとおりのものであることを確認します．

(4)鉄筋

　鉄筋は，JIS G 3112（鉄筋コンクリート用棒鋼）に適合することを確認し，その形状・寸法等を検査します．また受入時には，鉄筋の種類，寸法，長さ，本数を確認します．鉄筋の規格は，鉄筋 1 本ごとに表示される圧延マークまたは色別塗料により確認します．鉄筋の種類を区分する表示方法は，表 3.5 に示すとおりです．

4.4.3 中 間 検 査

　工事監理者による中間検査は，基礎工事およびブロック塀の壁体工事を対象とし，工事が設計図書および施工計画書のとおり行われていることを確認します．中間検査は安全なブロック塀を構築するためには，極めて重要な必須事項である．

(1)基礎工事の検査

　基礎の根切りおよび地業が完了し，基礎の型枠や鉄筋が設置されブロック塀の縦筋の配置が終了した時点で検査を行います．基礎工事における中間検査の検査項目およびその要点は，次に示すとおりです．

　　①地盤：根切りの寸法・形状，側面土の処理，割ぐり石，床付け

　　②基礎：位置，寸法・形状，根入れ深さ

　③配筋：基礎鉄筋の本数・間隔・かぶり厚さ，ブロック塀の縦筋の位置および定着長さ
　④型枠：組立ての精度
　⑤控え壁：位置・間隔，基礎の配筋
　さらに，この時点でブロック塀壁体のブロック割付を確認することで，ブロック塀壁体の縦筋の施工精度を確保することが可能となります．
(2)ブロック塀の壁体工事の検査
　ブロック塀の壁体工事段階における中間検査の検査項目およびその要点は，次に示すとおりです．
　①ブロック：割付，目地の状況（通りおよび精度），1日の組積高さ
　②充填モルタル：調合，充填箇所および充填状況
　③目地モルタル：調合，目地の付着，押し目地深さ，目地ダレ
　④納まり：控え壁，フェンス，かさ木，門柱等との取合い
　⑤その他：工事監理者が指示した特記事項の確認

4.4.4　完 成 検 査

　完成検査は，ブロック塀工事の全ての工程が完了した時点で行う検査のことで，設計図書のとおりブロック塀が構築されていることを最終的に確認することです．施工者は，工事が完了したとき自主検査を行い設計図書と照合しその適合性を確認し，工事監理者による完成検査を受けます．この時に，ブロック塀の設計および施工についてまとめた仕様カルテ[付録4]を作成することで，ブロック塀の性能を確認することができます．この仕様カルテは，ブロック塀の所有者に対する施工者からの技術情報の開示となり，施工者としての信頼の証となるものです．
　完成検査の検査項目およびその要点は，次に示すとおりです．
　①基礎の埋戻し：埋戻し土の種類，締固め状況
　②目地モルタル：ブロックとの付着状況，目地押さえの状態
　③充填モルタル・充填コンクリート：空洞部に対する充填性（必要に応じて打音検査を実施する）
　④ブロック塀壁体：垂直の状態，ブロック表面の汚れ・ひび割れ・欠け等の有無
　⑤控え壁：ブロック塀壁体との一体性，高さ
　⑥かさ木およびフェンス：取付け・固定の状況

4.4.5　工事検査の記録等

　ブロック塀の工事が適正に行われたことを記録する書類は，そのブロック塀が施行令の基準以上の性能を有することを証明するものとして非常に重要なものになります．また，これらの記録は，ブロック塀の経年による劣化診断や耐震診断等における資料としても活用することができます．
　加えて，国土交通省・ブロック塀等の安全性確保に向けた関係団体連絡会議は，ブロック塀を施工する事業者に対する行動指針として，"ブロック塀の発注者に対して，新設された塀が基準に適合したものである旨の情報を提供する．"ことを求めています．

5．おわりに

　このマニュアルは，日本建築学会の材料施工委員会・組積工事運営委員会のもとに設置されたブロック塀システム研究小委員会（1997 年〜2002 年）の活動成果の一部として作成したものです．この小委員会は，地震時に繰り返し報告されるブロック塀の被害の調査事例の収集から始まりました．調査を進めていくにつれブロック塀のさまざまな問題が明らかになり，ブロック塀に寄りかかることにより塀が倒れる死亡事故等の信じられない事例も集められました．

　このようなブロック塀ですが，防犯対策やプライバシーの確保といった面で重要な役割を担っていることも否めない事実です．また，維持管理が簡単で，耐久性が高い等のブロック塀の特徴は，これからの日本の住宅・都市の構成要素として不可欠なものであろうと考えられるので，有効に使用していくことが必要になります．

　現在の技術で，安全なブロック塀をつくり，維持管理していくことは十分可能であると考えられます．しかしながら，施工が容易という長所は素人の施工や施工不良という問題を生み，耐久性が高いという長所が維持管理を施さなくてもよいものと誤解されているようにも思われます．

　本当に健全なブロック塀をつくるためには，専門家のみならず，所有者（施主）の理解が重要になります．事故が起こった場合の責任は所有者にもあることを認識しておく必要があります．また，設計者および施工者は，ブロック塀の施工方法の説明に留まらず，ブロック塀が近隣・関係者に与える種々の影響や維持管理について誠実な配慮が必要なことなどを所有者に説明しなくてはなりません．

　本書は，健全なブロック塀をつくり長く供用されることを前提とし，このために必要な手引きとなることを想定して作成されました．本書が，これからのブロック塀をより良いものにするために役立つことを期待いたします．

　最後に，繰り返されるブロック塀等の倒壊により尊い命が奪われる事態を受け，（一財）日本建築防災協会は，ブロック塀等の安全性の向上に資するものとして「既存ブロック塀等の耐震診断基準・耐震改修設計指針・同解説」を作成（2018 年 12 月刊行）しました．さらに，地震時における対策のひとつとして，既存ブロック塀等が 2019 年 1 月 1 日付けで改正された「建築物の耐震改修の促進に関する法律」において，避難路沿道の一定規模以上のブロック塀等で，昭和 56 年の建築基準法施行令改正に伴い既存不適格となった塀が，耐震診断の義務付け対象となったことを付記します．

引 用 文 献

1) 日本建築学会：壁式構造関係設計規準集・同解説（メーソンリー編），2006

2) 日本建築学会：1997 年度日本建築学会大会（関東）・材料施工部門パネルディスカッション資料，問いかけられる自己責任 ブロック塀の安全性，1997.9

3) 全国建築コンクリートブロック工業会：問いかけられる自己責任・あんしんなブロック塀をめざして，1999.7

4) 日本建築学会：1997 年度日本建築学会大会（関東）・材料施工部門パネルディスカッション記録集，問いかけられる自己責任 ブロック塀の安全性，1999.3

5) 全国建築コンクリートブロック工業会：ブロック製造メーカーからみた補強コンクリートブロック塀，J.C.B.A ニュース No.420，2001.1

6) 日本建築学会：壁式構造配筋指針・同解説，2013

7) 日本建築学会：建築工事標準仕様書・同解説　JASS7　メーソンリー工事，2009

8) 全国建築コンクリートブロック工業会，日本エクステリア建設業協会：コンクリートブロック造の正しい設計・施工方法，1996.3

付　　録

付録 1．建築基準法施行令（抜粋）

建築基準法施行令

（目地及び空胴部）

第 62 条の 6　コンクリートブロックは，その目地塗面の全部にモルタルが行きわたるように組積し，鉄筋を入れた空胴部及び縦目地に接する空胴部は，モルタル又はコンクリートで埋めなければならない．

2　補強コンクリートブロック造の耐力壁，門又はへいの縦筋は，コンクリートブロック空胴内で継いではならない．ただし，溶接接合その他これと同等以上の強度を有する接合方法による場合においては，この限りではない．

（塀）

第 62 条の 8　補強コンクリートブロック造の塀は，次の各号（高さ 1.2m 以下の塀にあっては，第五号及び第七号を除く．）に定めるところによらなければならない．ただし，国土交通大臣が定める基準に従った構造計算によって構造耐力上安全であることが確かめられた場合においては，この限りでない．

一　高さは，2.2m 以下とすること．

二　壁の厚さは，15cm（高さ 2m 以下の塀にあっては，10cm）以上とすること．

三　壁頂及び基礎には横に，塀の端部及び隅角部には縦に，それぞれ径 9mm 以上の鉄筋を配置すること．

四　壁内には，径 9mm 以上の鉄筋を縦横に 80cm 以下の間隔で配置すること．

五　長さ 3.4m 以下ごとに，径 9mm 以上の鉄筋を配置した控壁で基礎の部分において壁面から高さの 1／5 以上突出したものを設けること．

六　第三号及び第四号の規定により配置する鉄筋の末端は，かぎ状に折り曲げて，縦筋にあっては壁頂及び基礎の横筋に，横筋にあってはこれらの縦筋に，それぞれかぎ掛けして定着すること．ただし，縦筋をその径の 40 倍以上基礎に定着させる場合にあっては，縦筋の末端は，基礎の横筋にかぎ掛けしないことができる．

七　基礎の丈は 35cm 以上とし，根入れの探さは 30cm 以上とすること．

付録2．告示 平成12年建設省告示第1355号

〔平成 12 年 5 月 23 日建設省告示第 1355 号〕

補強コンクリートブロック造の塀の構造耐力上の安全性を確かめるための
構造計算の基準を定める件

　建築基準法施行令（昭和 25 年政令第 338 号）第 62 条の 8 ただし書の規定に基づき，補強コンクリートブロック造の塀の構造耐力上の安全性を確かめるための構造計算の基準を次のように定める.

　建築基準法施行令（以下「令」という.）第 62 条の 8 ただし書に規定する補強コンクリートブロック造の塀の安全性を確かめるための構造計算の基準は，次のとおりとする.

一　補強コンクリートブロック造の塀の風圧力に関する構造計算は，次に定めるところによること.

　イ　令第 87 条第 2 項の規定に準じて計算した速度圧に，同条第 4 項の規定に準じて定めた風力係数を乗じて得た風圧力に対して構造耐力上安全であることを確かめること.

　ロ　必要に応じ，風向と直角方向に作用する風圧力に対して構造耐力上安全であることを確かめること.

二　補強コンクリートブロック造の塀の地震力に関する構造計算は，次に定めるところによること.

　イ　補強コンクリートブロック造の塀の地上部分の各部分の高さに応じて次の表に掲げる式によって計算した地震力により生ずる曲げモーメント及びせん断力に対して構造耐力上安全であることを確かめること.

曲げモーメント（単位 N・m）	$0.4\ h\ C_{si}\ W$
せん断力（単位 N）	$C_{si}\ W$

　この表において，h，C_{si} 及び W は，それぞれ次の数値を表すものとする.

　　h　補強コンクリートブロック造の塀の地盤面からの高さ（単位 m）

　　C_{si}　補強コンクリートブロック造の塀の地上部分の高さ方向の力の分布を表す係数で，計算しようとする当該補強コンクリートブロック造の塀の部分の高さに応じて次の式に適合する数値

　　　$C_{si} = 0.3\ Z\ (1 - h_i\ /\ h)$

　　　　この式において，Z 及び h_i は，それぞれ次の数値を表すものとする.

　　　　Z　令第 88 条第 1 項に規定する Z の数値

　　　　h_i　補強コンクリートブロック造の塀の地上部分の各部分の地盤面からの高さ（単位 m）

　　　　W　補強コンクリートブロック造の塀の固定荷重と積載荷重との和（単位 N）

　ロ　補強コンクリートブロック造の塀の地下部分は，地下部分に作用する地震力により生ずる力及び地上部分から伝えられる地震力により生ずる力に対して構造耐力上安全であることを確かめること．この場合において，地下部分に作用する地震力は，補強コンクリートブロック造の塀の地下部分の固定荷重と積載荷重との和に次の式に適合する水平震度を乗じて計算するものとする．

$$k = 0.1 \, (1 - H / 40) \, Z$$

　　　この式において，k，H 及び h は，それぞれ次の数値を表すものとする．

　　　k　水平震度

　　　H　補強コンクリートブロック造の塀の地下部分の各部分の地盤面からの深さ
　　　　　　（20 を超えるときは，20 とする．）（単位 m）

　　　h　補強コンクリートブロック造の塀の地盤面からの高さ（単位 m）

　　　Z　令第 88 条第 1 項に規定する Z の数値

附則

　　この告示は，平成 12 年 6 月 1 日から施行する．

付録3．ブロック塀の施工手順

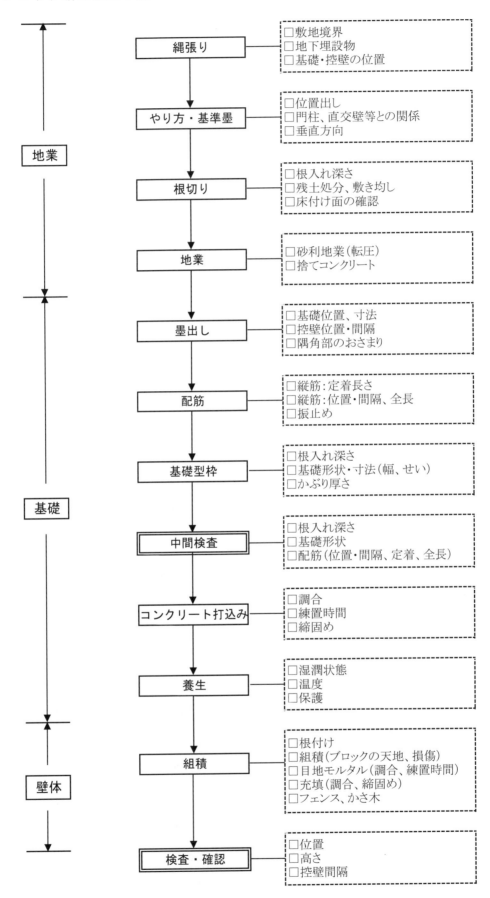

付録図 3.1　ブロック塀の施工手順

付録4．ブロック塀の仕様カルテ

ブロック塀の仕様カルテ
（コンクリートブロック新工法研究小委員会版）

◆ 設計者氏名 _____ 印
　（会社名） _____

◆ 施工者氏名 _____ 印
　（会社名） _____

◆ 所有者氏名 _____ 印

このカルテは、ブロック塀の基本的な仕様を表示するものです。

項　　目		仕　　様　　等(注1)	特記事項
着工年月日		年　　　　月　　　　日	
竣工年月日		年　　　　月　　　　日	
支持地盤		□普通土　□改良土　□その他	
基礎	形　　状	□Ⅰ形　　□逆Ｔ形　□Ｌ形　□鋼管杭打ち	
	厚　　さ	（　　　　　）mm	
	根入れ深さ	（　　　　　）mm	
	鉄筋	主　　筋　鉄筋の呼び名　□D10　□D13　□その他	
		あばら筋　鉄筋の呼び名　□D10　□D13　□その他	
		あばら筋　間隔　□400mm　□450mm　□500mm　□その他（　　　）mm	
壁体	フェンス	□無し　　　□有り（　□組込　　□連続　）	
	塀の長さ	主たる道路に接する長さ（　　　　）m	
	最高高さ	地盤面より（　　　　　）mm	
	ブロック種類(注2)	□　A(08)　□　B(12)　□　C(16)　□　D(20)　□　型枠状	
	ブロック厚さ	□100mm　□120mm　□150mm　　　　□その他	
	縦　　筋	鉄筋の呼び名　□D10　□D13　□その他	
		間隔　□400mm　□450mm　□800mm　□その他（　　　）mm	
		基礎への定着長さ（　　　）mm	
	横　　筋	鉄筋の呼び名　□D10　□D13　□その他	
		間隔　□400mm　□600mm　□800mm　□その他（　　　）mm	
	目地モルタル	調合〔セメント：細骨材〕　（　　　）：（　　　）	
	目地の状況	厚さ（　　　）mm, 押さえ（□有り・□無し）, 押さえ深さ（　　　）mm≦3mm	
	充填モルタル	調合〔セメント：細骨材〕　（　　　）：（　　　）	
	控え壁(柱)	控え壁(柱)　□有り　□無し	
		□鉄筋コンクリート　□ブロック(種類：　　　厚さ：　　　　)	
		鉄　　筋　□有り　□無し	
		控え壁の間隔（　　　）m ≦ 3.4m	
		控え壁内の横筋によるブロック壁体との一体化　□有り　□無し	
	かさ木	□有り　　　□無し　　□その他（　　　　　　）	

注1）□は該当するものに印、（　）は当てはまる数値等を記入する。
注2）化粧ブロックを使用する場合は、特記事項に「化粧」と記入する。
注3）基礎、交差部および控え壁などに型枠状ブロックを使用した場合は特記に記入する。
備考　ブロック塀は、経年により劣化します。所有者は、適切な維持管理を行ってください。

付録5．ブロック塀の維持管理の要点

1．維持管理の重要性

　ブロック塀システム研究小委員会のアンケート調査によると，ブロック塀に期待する耐久年数は約 30 年が最も多くみられます．ところが，良好な設計・施工により造られたブロック塀でも，常に外気に接し直射日光および風雨にさらされる過酷な環境にあるため，適切な維持管理を行わずに放置しておくと，付録図 5.1 に示すような劣化のメカニズムによって，約 20 年で鉄筋にさびが認められるようになります．したがって，ブロック塀に期待する耐久年数を実現するためには，この劣化のメカニズムを理解して適切な維持管理を行うことが必要不可欠となります．

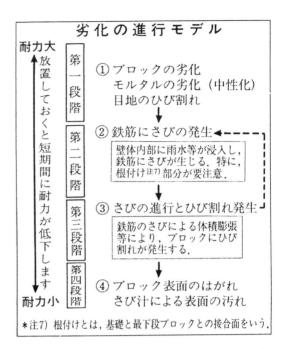

付録図 5.1　ブロック塀の劣化のメカニズム

2．診断の要点

　ブロック塀の所有者または管理者は，ブロック塀を適切に維持管理するために建設後 10 年，20 年を目安にブロック塀の劣化診断を行い，その記録を残していくことが重要です．

　劣化診断には，日本建築学会編集（発行，（一社）全国建築コンクリートブロック工業会）の「ブロック塀の診断カルテ」[付録8] や各自治体に備えてある検査マニュアルを用いることにします．また，ブロック塀の診断を行う専門家として（公社）日本エクステリア建設業協会では，「ブロック塀診断士」の制度を設けています．

　診断は，設計図書などによる基礎を含むブロック塀の形状・寸法および配筋状況の事前調査に加えて，外観検査，塀の倒れ・傾きの測定を行い，塀の傾き，ずれ，ぐらつき，ひび割れ・剥離，漏水，さび汁の流出等の劣化および損傷の有無と程度を把握します．付録写真 5.1 はブロック塀のひび割れ・剥離の例を，付録写真 5.2 は漏水の例を示します．

付録写真 5.1　ブロック塀のひび割れ・剥離

付録写真 5.2　ブロック塀の漏水状況

3. 補修・補強の要点

　ブロック塀の診断結果に不具合があった場合は，その原因を特定し適切な方法により補修・補強を行うことになります．補強や転倒防止対策が必要な場合は言うまでもなく，必要でない場合でもひび割れ・剥離等の劣化および損傷の程度ならびに原因に応じた適切な補修を早期に行っておくことが，劣化抑制および耐久性向上のために必要となります．ここで重要なことは，補強・補修によって劣化および損傷の原因を取り除くことができたかということです．

　劣化および損傷箇所の補修方法の例としては，例えば，ブロック，目地および鉄筋コンクリート基礎等にひび割れが認められても，鉄筋の腐食の原因とならない軽度な不具合であれば，ポリマーセメントモルタルなどを充填し補修する方法があります．ひび割れからの漏水やその他の原因により内部の鉄筋が腐食する恐れがある場合は，ブロック塀を解体し工事をやり直す必要があります．不具合が認められるブロック塀を継続して使用しなくてはならない場合は，（一財）日本建築防災協会「既存ブロック塀等の耐震診断基準・耐震改修設計指針・同解説」等を参考に，十分な安全が確認された方法で補強する必要があります．なお，ひび割れ等が認められなかった場合でも，ブロックの表面に防水剤または塗料等を塗布しておくことで劣化を抑制し耐久性を向上させることが可能となります．付録写真 5.3〜5.8 は，ブロック塀の補強事例を示します．

付録写真 5.3 ブロック塀の補強事例 1

付録写真 5.4 ブロック塀の補強事例 2

付録写真 5.5 ブロック塀の補強事例 3

付録写真 5.6　ブロック塀の補強事例 4

付録写真 5.8　ブロック塀の補強事例 6

付録写真 5.7　ブロック塀の補強事例 5

付録6．ブロック塀の転倒および倒壊事例

　未曾有の大災害となり阪神・淡路大震災と呼ばれる兵庫県南部地震（1995 年）では，消防庁の統計によると 1480 件のブロック塀が倒壊したと報告されています．地震の最大加速度が記録されている南北方向が面外方向にあたる東西方向を長手とするブロック塀のほうが，その直交方向より高い確率で倒壊しています．しかし，南北方向を長手とするブロック塀も相当数の倒壊が確認されています．

　近年では新潟県中越地震（2004 年）の災害からも見られるように，ブロック塀の縦筋の定着不足，必要鉄筋本数の不足，控え壁の不適正な配置等施工の不具合による被害が過去の地震と同じように多く散見されています．ブロック塀の倒壊を防ぐためには，工事検査の徹底，自己責任におけるブロック塀の安全性の確保の重大さが痛感されます．

　地震動によるブロック塀の倒壊には，基礎からの転倒，根付けと称される基礎上端とブロック塀壁体との接合面におけるもの，ブロック塀の壁体部分が途中から折れるようなもの等があります．

　ブロック塀が基礎から転倒する原因は，地震動によるブロック塀の面外方向への転倒モーメントに抵抗する基礎が，その力に対して抵抗できない構造であるためと指摘されています．その事例を以下に示します．

1．石積み上に設置されたブロック塀

　石積みや練積み擁壁の上に設けられたブロック塀の転倒形式は，付録写真 6.1 に示すとおりです．このようなブロック塀は，縦筋の規定を満足していてもブロック塀全体が転倒することになり，非常に危険なものです．

2．根入れ不足が原因で転倒したブロック塀

　基礎のせいや根入れ深さの不足による転倒形式は，付録写真 6.2 に示すとおりです．

　ブロック塀の基礎に面外方向への転倒モーメントに抵抗できるだけの十分な根入れがなければ，塀は当然のように転倒します．高さ 1.8m のブロック塀に対して，根入れ深さが 200mm 程度の基礎では，強い振動に耐えることができません．ブロック塀の高さは，施行令では高さ 2.2m 以下とされ，その場合の基礎の根入れ深さは 300mm 以上と規定されています．しかし，高さ 2.2m のブロック塀に対して，施行令の根入れ深さ 300mm の基礎では強い地震の震動に耐えられないことは感覚的にも転倒を予見させるものです．

付録写真 6.1　石積み上に設置された
ブロック塀

付録写真 6.2　根入れ不足が原因で転
倒したブロック塀

ブロック塀の基礎の根入れ深さは，アメリカの基準のようにブロック塀の高さの 1/4 以上必要です．

3．縦筋の基礎上端での台直しにより転倒したブロック塀

　基礎上端とブロック塀壁体との接合面からの倒壊は，ブロック塀壁体の縦筋に何らかの問題があることが指摘されています．その事例として，縦筋が基礎に定着されていないものや縦筋の基礎からの立上がり位置にズレがあり「台直し」といわれる位置の修正などが指摘されています．縦筋の台直しの状況は，付録写真 6.3 に示すとおりです．

4．縦筋の基礎への定着がないブロック塀の転倒

　縦筋の定着不良の状況は，付録写真 6.4 に示すとおりです．最下段のブロックまで縦筋が配筋されてはいますが，基礎まで鉄筋が定着していない状況が確認できます．

付録写真 6.3　縦筋の基礎上端での台直　　**付録写真 6.4**　縦筋の基礎への定着なし

　以上の事例以外にも，基礎上端とブロック塀壁体との接合面からの倒壊事例として，あと施工アンカーを使用したものや挿し筋と呼ばれる短い鉄筋を基礎に埋め込むような安易な施工例があります．埋込み長さ 50〜60mm 程度の短いあと施工アンカー等により，擁壁のコンクリートにアンカーしているブロック塀は縦筋が基礎から抜けて当然です．

　ブロック塀の壁体部分が途中から折れるように倒壊する原因は，縦筋に 9ϕ または D10 の異形鉄筋を 800mm 間隔で配筋することが，鉄筋量として十分でない可能性があるということです．丸鋼の場合には付着が切れたことも考えられますが，鉄筋の錆による正味断面のやせ細りを想定し耐久性を考慮すると，D13 の異形鉄筋を 400mm 間隔で配筋する必要があるように思われます．ブロック塀に作用する面外方向の曲げモーメントによる縦筋の降伏ならば，最大の曲げ応力が生じる基礎と最下段ブロックの境界部分で破壊が起こることになりますが，それ以外のところで破壊が生じるならばその原因を追求し，基（規）準に問題があるならば，基（規）準の改正に向けた取組みも必要です．

　このような繰り返し指摘されているブロック塀の実態として，基準に適合しないものが多いということは全く不可解な現象と思われます．ブロック塀に関係する人々は，原点に立ち返り施行令および学会設計規準を遵守し，安全なブロック塀を構築し社会的責任を果たす努力をすべきです．早急に，ブロック塀は安全で良いものであるといえるよ

うな法的な基準を明確にし，施工業者はそれに添った施工を行う体制を構築しなければ
なりません．このような現状を改善しないと，ブロック塀は社会から否定され排除され
ることになります．

付録7．ブロック塀の転倒防止対策

　付録8に示すブロック塀の診断カルテ等によりブロック塀の劣化診断を行った結果，転倒防止対策等を講じる必要があると判定された既存ブロック塀に関しては，付録図7.1に示すような補強による転倒防止対策があります．しかし，これらの転倒防止対策は，（一財）日本建築防災協会「既存ブロック塀等の耐震診断基準・耐震改修設計指針・同解説」によるか，それぞれの塀により条件が異なるため，実施にあたっては，専門家と相談することを推奨します．

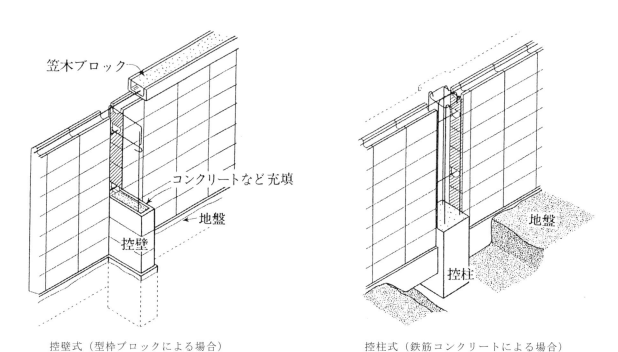

控壁式（型枠ブロックによる場合）　　　　　　控柱式（鉄筋コンクリートによる場合）

（1）ブロックまたは鉄筋コンクリートによる補強

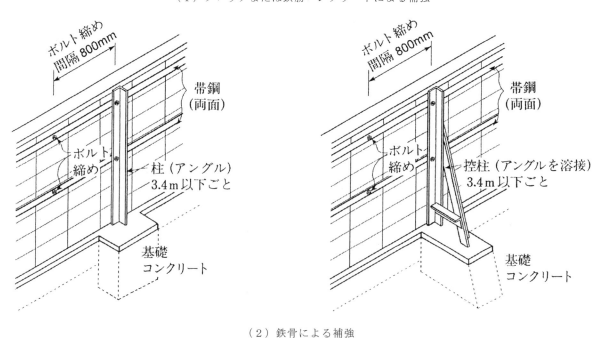

（2）鉄骨による補強

　　［注］いずれも「ブロック塀　石塀の正しい設計・施工方法と補強方法」（編集（公社）日本建築士会連合会・（一財）日本建築防災協会）より引用

付録図7.1　ブロック塀の転倒防止対策

付録8. ブロック塀の診断カルテ

ブ ロ ッ ク 塀 の 診 断 カ ル テ

Ａ. 基本性能の診断〔基本性能値〕

診　　　断　　　項　　　目		基準点	評価点
建築後の年数	10年未満	10	① （　　　）
	10以上、20年未満	8	（　　　）
	20年以上	5	
高さの増積み	な　　　　　　　し	10	② （　　　）
	あ　　　　　　　り	0	（　　　）
使用状況	塀　　　単　　　独	10	③ （　　　）
	土留め・外壁等を兼ねる	0	（　　　）
塀 の 位 置	塀 の 下 に 擁 壁 な し	10	④ （　　　）
	塀 の 下 に 擁 壁 あ り	5	（　　　）
塀 の 高 さ	1．2m以下	15	⑤ （　　　）
	1．2mを越え、2．2m以下	10	（　　　）
	2．2mを越える	0	
塀 の 厚 さ	1 5 ｃｍ 以 上	10	⑥ （　　　）
	1 2 ｃ ｍ	8	（　　　）
	1 0 ｃ ｍ	5	
透かしブロック	な　　　　　　　し	10	⑦ （　　　）
	あ　　　　　　　り	5	（　　　）
鉄　　　筋	あ　　　　　　　り	10	⑧ （　　　）
	な　　　　　　　し	0	（　　　）
	確　　認　　不　　能	0	
控え壁・控え柱	あ　　　　　　　り	10	⑨ （　　　）
	な　　　　　　　し	5	（　　　）
か　さ　木	あ　　　　　　　り	10	⑩ （　　　）
	な　　　　　　　し	5	（　　　）

基本性能値（①～⑩までの評価点の合計）〔　　A　　〕

Ｂ. 壁体の外観診断〔外観係数〕

診　　　断　　　項　　　目		基準係数	評価係数
全 体 の 傾 き	な　　　し	1.0	⑪ （　　　）
	あ　　　り	0.7	（　　　）
ひ び 割 れ	な　　　し	1.0	⑫ （　　　）
	あ　　　り	0.7	（　　　）
損　　　傷	な　　　し	1.0	⑬ （　　　）
	あ　　　り	0.7	（　　　）
著 し い 汚 れ	な　　　し	1.0	⑭ （　　　）
	あ　　　り	0.7	（　　　）

外観係数 （⑪～⑭の最小値）　〔　　B　　〕

Ｃ. 壁体の耐力診断〔耐力係数〕

診　　　断　　　項　　　目		基準係数	耐力係数
ぐ ら つ き*1	動 か な い	1.0	C 〔　　　〕
	わ ず か に 動 く	0.8	
	大 き く 動 く	0.5	

＊1　診断する場合は、周囲に人がいないことを確認し、必ず前方へ押して下さい。

Ｄ. 保全状況の診断〔保全係数〕

診　　　断　　　項　　　目		基準係数	保全係数
補強・転倒防止対策等の有無	あ　　　り	1.5	D 〔　　　〕
	な　　　し	1.0	

診 断 結 果 の 判 定

1. 総合評点（Ｑ）を求めましょう。

 × × 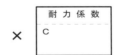 ×  ×

基本性能値 A × 外観係数 B × 耐力係数 C × 保全係数 D ＝ 総合評点（Q）

2. 総合評点（Ｑ）から、診断結果を判定しましょう。

安全性の判定と今後の対応

チェック	総合評点	判　　　定	今　後　の　対　応
□	Q≧70	安 全 で あ る	3～5年後にまた診断して下さい。
□	55≦Q＜70	一応安全である	1年後にまた診断して下さい。
□	40≦Q＜55	注 意 を 要 す る	精密診断を行い、再度判定するか転倒防止対策等を講じて下さい。
□	Q＜40	危 険 で あ る	早急に転倒防止対策を講じるか、撤去して下さい。

※ 診断結果は，あくまでも目安です．専門家による精密診断を受けると，より正確に判定できます．

※ 参照ホームページ：http://news-sv.aij.or.jp/zairyou/s2/tenken.PDF

ブロック塀施工マニュアル

2005 年 2 月 25 日	第 1 版第 1 刷
2007 年 4 月 25 日	第 2 版第 1 刷
2020 年 2 月 25 日	第 3 版第 1 刷
2020 年 9 月 5 日	第 2 刷

編集著作人　一般社団法人　日本建築学会

印　刷　所　三 美 印 刷 株 式 会 社

発　行　所　一般社団法人　日本建築学会
108-8414 東 京 都 港 区 芝 5 - 26 - 20
電話・(03) 3 4 5 6 - 2 0 5 1
FAX・(03) 3 4 5 6 - 2 0 5 8
http://www.aij.or.jp/

発　売　所　丸 善 出 版 株 式 会 社
101-0051 東京都千代田区神田神保町2-17
神田神保町ビル
電話・(03) 3 5 1 2 - 3 2 5 6

ISBN978-4-8189-1087-4 C 3052